L'homme dont je rêve…

roman

Cali Graff

ISBN: 1500921378
ISBN-13: 978-1500921378

1

« Le train entre en gare de Charlestown. Veuillez attendre l'arrêt total des voitures avant d'actionner le système d'ouverture des portes. Les passagers sont priés de ne plus utiliser les toilettes avant le prochain départ. Merci ! »

Marjorie s'était avancée dans le couloir, sa valise à roulettes à la main. Les voyageurs se pressaient devant la porte depuis quelques instants déjà. Un enfant braillait son impatience au visage de sa mère indifférente. La jeune femme regardait droit devant elle, guettant sur ces dos qui lui bouchaient la vue le mouvement qui la pousserait sur le quai. Marjorie resta à distance raisonnable du sas, une vraie boîte à sardines, se cramponnant à un dossier pour compenser l'à-coup d'arrêt.

Elle ne se retourna même pas sur le voyageur qui cogna dans son dos, sans doute plus surpris qu'elle par la secousse. Posant enfin les pieds sur l'asphalte, elle fit quelques pas pour se démarquer des voyageurs et rejoindre le Buffet de la gare.

« Bon. J'y suis, il n'y a plus qu'à... », songea-t-elle en évaluant d'un regard circulaire son comité d'accueil.

Des étrangers. Aucun visage connu, même si le quai ressemblait à tous les quais de France, au quai sur lequel elle avait embrassé sa mère, au quai de la gare de Reims d'où elle avait suivi des yeux quelques uns de ses compagnons de voyage arrivés à destination. Elle ne cherchait personne de toute façon. Elle connaissait un peu la ville, d'aussi loin que le lui rappelaient ses souvenirs d'enfance. Un vrai retour aux sources. Qu'elle effectuait seule. Elle aurait aimé que cela se passe autrement, mais ces derniers jours avaient fini par la décider.

Marjorie avait tout laissé à Paris: sa famille, ses livres d'étude… et Alex. Ça n'allait plus depuis bien trop longtemps entre eux. Elle le lui avait dit quelques mois auparavant. Il ne l'avait pas prise au sérieux, sans doute bien plus préoccupé par l'avancement qu'il était en train de négocier. Ah ! Il avait réussi, en fin de compte. Tout fier, il lui avait annoncé la bonne nouvelle, quelques jours auparavant :

« Tu te rends compte ? Ça y est, je récupère la direction du service commercial. Maintenant, ça va aller mieux… »

« Pour qui ? » S'était-elle entendue lui répondre. Il n'avait rien compris. Il n'avait jamais rien compris, de toute façon. Elle était partie en claquant la porte. En colère. En colère contre Alex, pour lequel elle avait vraiment l'impression de ne pas exister. En colère contre elle-même, pour n'avoir pas réussi à retenir son petit ami.

Sa mère lui avait conseillé d'attendre un peu : « Et puis, tu sais, tu peux revenir à la maison tant que tu veux.

— Oui maman, mais je n'ai pas envie de rester dans vos jambes plus longtemps. Ne t'inquiète pas, je me débrouillerai. », lui avait-elle assuré.

Aujourd'hui, c'est elle qui avait quelque peu

perdu confiance ! Marjorie semblait soudain réaliser : « Mais quelle folle ! Pourquoi n'ai-je pas écouté maman ? »

Et il était trop tard. Bien sûr, si elle revenait, sa mère l'accueillerait à bras ouverts, mais Marjorie était trop fière pour ça. « Tant pis », marmonna-t-elle. « De toute façon, je finirai bien par m'en sortir. Ou alors, c'est que je suis encore plus idiote que je ne le pense ! »

Depuis quelques instants qu'elle luttait avec elle-même, Marjorie n'avait pas remarqué, juste en face d'elle, un regard qui ne la quittait plus. L'homme, sirotant un café, la fixait étrangement.

« Mais qu'est-ce qu'il a celui-là ? J'ai un bouton sur le nez ? » pesta-t-elle intérieurement.

Son visage devait refléter ses pensées : l'homme avait vaguement souri. Il se leva tranquillement et se dirigea dans sa direction.

Marjorie jeta un œil derrière elle, comme pour s'assurer qu'elle s'était trompée : cet homme regardait peut-être quelqu'un d'autre, après tout.

« Je peux m'asseoir ?, la contredit-il aussitôt.

—Désolée, mais je n'ai vraiment pas le temps….

— Et bien, Marjorie, on vous croirait irritée. Est ce moi qui vous trouble à ce point ?

— On se connaît ? », osa-t-elle, réalisant après coup qu'il avait prononcé son prénom.

L'homme s'était assis, toujours souriant. Comme si elle l'amusait. « Il n'y a pourtant vraiment pas de quoi », songea-t-elle. Où avait-elle bien pu le rencontrer ?

Elle qui s'était persuadée en arrivant qu'ici, au moins, elle serait en terrain étranger, c'était raté !

Elle n'avait vraiment envie de voir personne, pourtant.

« Biarritz, Août 2012 ? Ça ne vous dit rien ? » Marjorie se creusa les méninges encore quelques instants, avant de l'identifier. Pour regretter tout aussitôt. Nicolas ! Oui, c'était bien Nicolas. Le feu lui monta aux joues au fur et à mesure que les images de cet été-là lui revenaient en mémoire.

« Mais, qu'est-ce qu'il fait ici ? », songea-t-elle.

— Alors, ça y est, vous me remettez maintenant? »

Bien sûr qu'elle se souvenait. Et comment! D'ailleurs, elle en devenait soudain mal à l'aise. Cet été là, Nicolas et elle avaient failli sortir ensemble. Au dernier instant, elle avait renoncé, songeant à Alex...

« Alors, dites-moi, qu'est-ce qui vous amène ?

— Je cherche du travail, lâcha-t-elle simplement.

— Ici ? Mais vous aviez plus de chance d'en trouver à Paris. C'est bien là que vous habitez, n'est-ce pas ?

— Que j'habitais, corrigea-t-elle.

— Vous savez, ça va être difficile. La région est plutôt sinistrée, et à moins d'avoir de l'expérience ou des relations…

— Je n'ai ni l'un ni l'autre, vous vous en doutez !

— Bien sûr… » concéda-t-il, s'attardant une fois de plus sur son joli visage.

Comme cette année là : Nicolas avait tout de suite aimé ce regard doux, ces longs cheveux châtain… Et surtout ces lèvres fines et chaudes. Il n'avait pas compris quand elle avait fini par le repousser. Ils s'entendaient bien tous les deux. Bien sûr, il était sensiblement plus âgé. L'avait-elle trouvé trop vieux ?

Marjorie était écarlate. Elle n'avait jamais parlé d'Alex à Nicolas, et pour cause : cette année là, il n'avait pas pris de congé –toujours ses histoires de promotion-. Marjorie était partie seule, se jurant de s'amuser malgré tout. Son flirt avec Nicolas, en fait, avait été une manière de se remettre les idées en place. Elle avait aimé la légèreté de cette relation éphémère. Quoique, légèreté n'était pas forcément le qualificatif idéal : elle se remémorait comment il l'avait embrassée, embrasée en quelques secondes. Seul le souvenir d'Alex avait fini par la retenir. En fin de compte, elle s'en voulait un peu aujourd'hui. Alex et elle, c'était bel et bien fini. Si elle avait laissé Nicolas aller plus loin...

« Vous m'avez l'air fort pensive, lui fit-il remarquer.

— Excusez-moi, mais j'ai quelques soucis, mentit-elle. Au fait, vous pourriez peut-être me conseiller, je cherche un endroit où loger pendant quelques jours, en attendant de trouver un appartement. Y-a-t-il des chambres à louer, genre chambres d'étudiants, par ici ?

— Bien sûr, mais je vous les déconseille : d'abord elles sont très chères, ensuite je suis sûr qu'elles ne vous plairaient pas…

— Je n'ai pas le choix !

— Si… Je connais quelqu'un qui serait ravi d'avoir de la compagnie pendant quelques jours, et gratuitement…

— Vous vous moquez de moi ?

— Non, en fait, ma mère a une grande maison. Et il n'est pas rare qu'elle accueille mes amis. Elle se fera un plaisir de vous préparer une chambre pour la nuit. Si cela ne vous plaît pas, vous pourrez toujours chercher ailleurs ensuite.

— C'est une proposition que je peux difficilement refuser !

— Alors, venez, je vous emmène. Elle habite quelques rues plus haut. »

Marjorie paya son café et suivit Nicolas. Sa voiture était garée à quelques mètres. Elle s'engouffra dans le véhicule tandis que Nicolas mettait le contact.

2

Mathilde avait plu d'emblée à Marjorie : la retraitée l'avait accueillie avec un large sourire et l'avait tout de suite mise à l'aise : « Allez ma petite, vous serez mieux ici qu'à l'hôtel ou je ne sais où ! Vous savez, avec tout ce qu'on voit aujourd'hui… » La vieille dame s'était lancée dans un grand discours sur les mœurs dissolues des générations actuelles, avant de se raconter un peu, face à Marjorie visiblement conquise: après le décès de son mari, le père de Nicolas, elle avait longtemps travaillé pour subvenir aux besoins de son fils unique. Elle en était fière à présent, même si elle regrettait qu'il ne soit pas encore marié et n'ait toujours pas fait d'elle cette grand-mère qu'elle attendait impatiemment de devenir :

«Ça m'occuperait, deux ou trois petits-enfants à garder. Mais il n'en fait qu'à sa tête. Bon, il faut dire qu'il n'a jamais trouvé la belle-fille idéale, mais tout de même…

—Maman, je t'en prie, tu ne vas pas recommencer !

— Voilà, c'est toujours pareil. Il ne veut pas m'écouter. Il s'en mordra encore les doigts. Comme avec cette pimbêche qu'il a osé me présenter le mois dernier… Ah, vraiment, on se demande où il va les chercher ! »

Marjorie se sentit gênée. Lui avait-il parlé d'elle ? Certainement que non. De toute façon, il ne s'était rien passé de sérieux entre elle et lui. Juste une amourette d'été.

«Tu devrais plutôt montrer sa chambre à Marjorie. Je pense qu'elle est un peu fatiguée, coupa Nicolas.

— Oh ! Excusez-moi, c'est vrai, vous n'êtes pas venue pour écouter mes salades. Venez, que je vous montre. Vous allez voir comme on est bien ici ! »

Marjorie suivit la vieille dame au premier étage. La maison était fort bien tenue, les meubles et boiseries cirés, les lourdes tentures et les rideaux soignés donnaient à l'appartement une chaleur et une atmosphère agréables.

À l'étage, les quatre chambres dont les portes entrouvertes s'alignaient sur le palier laissaient apercevoir les grands lits bien faits. La valise de Marjorie était posée sur l'un d'eux :

«Voilà, c'est ici que vous allez dormir. J'espère que cela vous plaît ? Je viens juste de changer les draps. Nicolas m'avait amené du monde hier et ils sont repartis ce matin. Ça va, ils n'ont pas fait trop de remue-ménage. Pas comme certaines fois, quand ses collègues dînent ici à trois ou quatre, c'est difficile à gérer ! Ce sont des hommes, et ils ont l'air de se fiche complètement de l'endroit où ils dorment, pourvu qu'ils dorment… surtout après une soirée un peu trop arrosée…

— Ne vous inquiétez pas, je vous promets de faire attention, la rassura Marjorie.

— Oh ! Je m'en doute bien, vous ne m'avez pas l'air d'une mauvaise fille. Je suis sûre que votre maman vous a bien éduquée…

— Oui, d'ailleurs, vous me la rappelez un peu : elle est un peu comme vous, très gentille et…

— Bavarde ?

— Volubile, corrigea Marjorie. Mais je préfère les gens comme ça. J'ai tendance, moi aussi, à ne plus m'arrêter quand j'ai commencé à parler.

— Je crois qu'on va bien s'entendre, alors. Tenez, allez donc vous changer, nous dînerons après. La salle de bains est ici. »

Marjorie prit congé de la vieille dame et fila sous la douche. Une serviette sur la tête, une autre autour de la taille, elle entreprit ensuite de défaire un peu sa valise.

« Qu'est-ce que je vais mettre ce soir » songeait-elle, hésitant entre un Jeans et une jupe droite.

« Je vous préfère en jupe, à moins que vous ne restiez comme vous êtes… »

Marjorie fit volte-face : Nicolas se tenait dans l'encadrement de la porte, arborant ce petit sourire narquois qui l'avait déjà agacée au Buffet de la gare.

« On ne vous a jamais dit de frapper avant d'entrer ? », pesta-t-elle, surprise.

— La porte était restée entrouverte, je suis venu voir si vous ne manquiez de rien. Tout va comme vous voulez ? », continua-t-il sans se départir de son aisance.

— Ça ira mieux si vous me laissez le temps de m'habiller… à moins que j'aille dîner dans cette tenue ? », le provoqua-t-elle.

Nicolas avait lentement refermé la porte de la chambre et s'était dangereusement approché d'elle. Marjorie réalisa son erreur. C'est vrai qu'il était chez lui ici : elle n'aurait peut-être pas dû le narguer à ce point ! La riposte ne tarda pas. Nicolas avait froncé les sourcils et n'augurait rien de bon. Marjorie se préparait intérieurement à recevoir ses foudres. Mais il n'ajouta pas un mot et, contre toute attente, vint refermer ses bras autour de la serviette humide. Surprise, Marjorie n'eut pas le temps de le repousser. Il pencha sa tête sur elle et prit ses lèvres vigoureusement.

Marjorie aurait voulu se soustraire au baiser, mais son corps s'y refusa. L'étreinte venait de lui remettre en mémoire ces quelques jours d'été passés avec lui. Sa bouche répondit aussitôt aux lèvres fermes. Elle passa ses bras derrière sa nuque. La serviette avait glissé sur le sol et Nicolas resserra son étreinte, entraînant lentement Marjorie vers le grand lit...

« Nicolas ? Nicolas ! Viens m'aider, s'il te plaît ! Mais où est-il encore passé ? »

À contre cœur, Marjorie repoussa vivement Nicolas, qui se faufila jusque dans la salle de bains, avant de rejoindre la chambre d'à côté par une porte mitoyenne. La jeune femme finissait de se rhabiller à la hâte quand Mathilde frappa à sa porte : « Tenez ma petite, je vous ai ramené une couverture supplémentaire. Les nuits sont fraîches par ici... Je pensais vous envoyer Nicolas, mais je ne le trouve pas. Ah ! Celui-là, jamais là quand on a besoin... » Les joues en feu, Marjorie marmonna un vague merci tandis que Mathilde se pressait de retourner au rez-de-chaussée.

« Ouf ! L'honneur est sauf ! », songea Marjorie. « Mais qu'est-ce qui m'a pris ? J'aurais dû le faire sortir... Je n'ai plus qu'à quitter les lieux au plus vite, avant que… Tant pis si Mathilde ne comprend pas très bien. Je lui dirai tout à l'heure. De toute façon, je vais bien trouver un endroit pour me loger… »

« Tenez, Marjorie, installez-vous là !, commanda Mathilde en lui avançant une chaise.

— Surtout, ne bougez pas : vous êtes mon invitée… », continua son hôte, tandis que Marjorie tentait de reprendre son sang froid et de se comporter comme s'il ne s'était rien passé. C'était difficile. Le baiser brûlant de Nicolas avait laissé le feu sur son visage et Marjorie avait bien du mal à recouvrer son calme et sa bonne humeur. Elle appréhendait d'autant plus le moment où il entrerait dans la pièce : elle voulait le tenir à distance, mais sa froideur risquait d'éveiller les soupçons de Mathilde. Il fallait donc jouer serré.

« Salut maman, tout va bien ? Tu veux un coup de main ?

— Alors, où étais-tu passé, ça fait un moment que je te cherche ?

— Tu ne vas pas en revenir, mais je viens d'aller… faire ma chambre ! Ça t'épates, hein ? En fait, je crois bien que Marjorie a déjà réussi à déteindre sur moi, plaisanta-t-il.

— Ah ! Ce n'est pas un mal ! Si tu pouvais en prendre de la graine. Elle, au moins, c'est une fille bien… D'ailleurs, je vais lui proposer de louer la chambre, si elle lui plaît. Ça lui évitera de chercher ailleurs. Et du fait de me payer un loyer, elle se sentira certainement moins gênée…

— Tu as raison, c'est une excellente idée ! Bon, quand est-ce qu'on mange ?, demanda-t-il à sa mère en lui déposant un baiser affectueux sur la joue.

—Va donc t'asseoir, c'est prêt. Heureusement que je n'ai pas attendu après toi, sinon cette jeune fille risquait de mourir de faim !

— Tu exagères ! », la corrigea-t-il avant de prendre place à table.

Marjorie contenait son agacement : son plan tombait à l'eau. Nicolas ne l'avait même pas regardée une seconde. Il discutait avec sa mère, comme si elle n'existait pas. Pas moyen de leur fausser compagnie pour ce soir. Avait-il déjà oublié l'incident de tout à l'heure ? « Bah ! C'est vrai que ce genre de chose doit lui arriver assez souvent, si j'en crois ce que dit sa mère à propos de ses relations avec les filles» se rassura-t-elle, s'en voulant aussitôt d'avoir été si puérile « Après tout, ce n'était qu'une étreinte, sans plus... », tentait-elle de se convaincre. Aussi, quand Mathilde lui proposa de louer la chambre, elle accepta. Nicolas, de toute façon, devait partir dès le lendemain pour un voyage professionnel de quelques jours. Marjorie aurait le temps de faire ses marques et, d'ici là, «l'incident » ne serait plus qu'un vague souvenir...

Elle ne vit pas le petit sourire de contentement qu'esquissait Nicolas avant de prendre congé : « Je me lève très tôt demain, excusez-moi de devoir vous fausser compagnie aussi vite, justifia-t-il.

— Rassure-toi, on sera aussi bien sans toi, plaisanta sa mère.

— Comme vous le dites, rajouta Marjorie,

affrontant cette fois le regard de Nicolas.

— Et bien, puisque ma compagnie a l'air de vous enchanter, je n'insiste pas. Mes hommages mademoiselle. Et bonne nuit… », lui souffla-t-il en lui baisant la main d'un air cérémonieux.

« Ouf ! Il était temps qu'il s'en aille », songea Marjorie, que l'attitude de Nicolas inquiétait à nouveau quelque peu. Elle avait lu la colère dans ses yeux sombres, quand il l'avait fixée quelques secondes avant de s'éclipser.

« Heureusement, demain il sera parti ! », pensa-t-elle, vaguement rassérénée.

La soirée avec Mathilde fut des plus agréables. Les deux femmes avaient eu tôt fait de se tutoyer et, plus bavarde l'une que l'autre, de meubler les silences qui surviennent, immanquablement, dans une conversation entre étrangers. Mathilde avait beaucoup parlé de son défunt mari, un homme qu'elle avait certainement aimé très fort : «Dommage qu'il soit parti si tôt… Je suis sûre qu'il aurait aimé faire ta connaissance. Ça lui aurait plu d'avoir une fille comme toi. Malheureusement, après la naissance de Nicolas, on a vite su qu'il n'y aurait pas d'autre enfant… C'est un peu pour ça que nous l'avons beaucoup gâté. Des fois, je me demande s'il n'a pas, même été un peu trop entouré…

— Je ne pense pas qu'il t'en veuille. Et ton mari serait certainement fier de voir qu'il a réussi, malgré tout.

—Tu as peut-être raison. Mais tu es trop gentille toi

aussi. Tu sais, Nicolas est loin d'être parfait. Il a même de gros défauts...

— Je n'en doute pas, répondit Marjorie un peu précipitamment.

— Dis-moi, il ne t'a pas fait de mal, au moins ? Il manque si souvent de tact !, concéda Mathilde.

— Non, en fait, je me disais qu'il était sans doute comme tous les hommes. De toute façon, nul n'est parfait. Pas même moi », conclut Marjorie pour rassurer la vieille dame.

Les femmes avaient ensuite changé de sujet et Marjorie avait dû raconter à Mathilde son voyage et ses petits tracas personnels :

« Je crois qu'il était temps que je change d'air. Alex et moi, ce n'était plus possible. Et puis, de toute façon, il fallait bien qu'un jour ou un autre, j'essaie de voler de mes propres ailes. Ma mère est un peu comme toi. Elle aurait tendance à me couver et à tenter de récupérer toutes mes erreurs...

— C'est vrai que ce n'est pas une solution. J'ai eu le problème avec Nicolas, il y a déjà quelques années : il ne voulait plus que je m'occupe de ses affaires. Il l'a payé cher : il croyait pouvoir tout faire tout seul ! Il s'est tellement bien cassé la figure que je l'ai récupéré à la petite cuiller !

—Tu essaies de me faire peur ?

— Non, pas du tout. Mais reste prudente. Et d'abord, qu'est-ce que tu as en tête ?

—Déjà, il faut que je trouve du travail. Ce n'est pas avec mes allocations de chômage que je vais m'en sortir. Une amie m'a dit que dans votre coin, on cherchait énormément de jeunes diplômés...

— Ça dépend ! Dans quel domaine ?

— L'informatique ! Je viens de décrocher mon diplôme de technicien…

— De technicien… Regarde comme c'est révélateur : les métiers difficiles ne se conjuguent même pas au masculin ! Tu risques de te heurter au machisme ambiant. Tu sais, de ce côté là, les mentalités n'évoluent pas beaucoup : une de mes amies a essayé. Un ingénieur ! Il a fallu qu'elle finisse par ouvrir sa propre entreprise pour qu'on la considère un peu ! Avant cela, elle a bien galéré… pas moyen de faire admettre à ces têtes de mules que la femme puisse aussi être une intellectuelle ou une scientifique !

— Je suis consciente du problème, mais il faut bien que je m'en sorte aussi : de toute façon je ne sais rien faire d'autre ! Laisse-moi dans une cuisine, juste pour voir : sûr que tu m'en chasserais en quelques minutes !

— Tu exagères Marjorie ! Tu m'as l'air bien plus débrouillarde…

— C'est vrai, j'en rajoute un peu. Mais je ne m'imagine pas travailler en dehors de mon domaine.

— Attends ! J'y pense : Nicolas pourrait peut-être t'aider ? Avec ses relations, ce serait vraiment la poisse s'il ne réussissait pas à te trouver quelque chose !

— C'est gentil Mathilde, mais je préfère me débrouiller seule, si cela ne t'ennuie pas.

— Toujours cette fierté ! Mon fils aussi réagissait comme toi, il a fini par accepter de l'aide…

— On verra bien… » éluda Marjorie, qui redoutait surtout de se retrouver en face de Nicolas.

Pour l'instant, elle éprouvait plutôt le besoin de l'éviter.

Marjorie avait pris congé sur le coup des vingt-trois heures. À l'étage, elle avait évité de faire du bruit. Il n'y avait aucune lumière sous la porte de Nicolas… et elle ne souhaitait pas le réveiller !

Elle entra sans bruit dans sa chambre, prenant bien soin cette fois de refermer la porte derrière elle. Dans la salle de bains, elle prit une douche rapide avant d'aller s'engouffrer sous les couvertures. Sage précaution, elle avait également fermé la salle de bains à clef de l'extérieur. Elle se défendait d'être aussi méfiante, tout à coup, mais l'incident de l'après-midi l'avait échaudée.

«Deux précautions valent mieux qu'une ! », se conforta-t-elle.

Marjorie n'eut pas le temps de songer plus avant de s'endormir : en fait, la journée avait été rude, un peu trop riche en émotions, et elle avait bien besoin de récupérer.

Elle sombra dans un sommeil réparateur et n'entendit pas, quelques minutes plus tard, Nicolas qui tentait d'ouvrir sa porte. Ni le juron qu'il lâcha malgré lui, déconfit.

« Tant pis, mais on se reverra… », souffla-t-il comme pour lui-même avant de retourner dans sa chambre, abandonnant Marjorie aux bras de Morphée.

3

« Déjà debout ? Mais tu avais bien le temps de te lever, s'insurgea Mathilde en voyant descendre Marjorie, sur le coup des huit heures.

— C'est sans doute parce que j'ai bien dormi... De toute façon, je n'aime pas tarder au lit : après, je ne fais plus rien de ma journée.

— Et on dit que l'avenir appartient à ceux qui se lèvent tôt...

— Oui. En fait, j'avais l'intention d'aller faire un tour en ville ce matin. Il fait beau et si je ne me trompe pas, c'est plutôt rare, par ici...

— N'exagère pas ! Tu vas voir comme l'automne est agréable : ici, au moins, on a encore des forêts et des lacs ! Des chemins, des sentiers, des endroits pour se dire que quelque part, la Terre n'appartient pas encore vraiment à l'homme...

— C'est vrai : d'ailleurs, j'ai remarqué un parc, hier, en face du Buffet de la gare. Est-ce qu'on peut s'y promener ?

Marjorie avait bien un passé dans ce petit coin de campagne, mais ses souvenirs d'enfance, sans doute enveloppés de cette innocence que l'on retrouve rarement à l'âge adulte, ne faisaient guère mention de lieux ou d'années : plutôt d'atmosphères et de rencontres.

—Tu dois, tu veux dire ! C'est le square Rimbaud. Personne ne vient ici sans y faire au moins un petit détour. C'est parfois même comme un véritable pèlerinage : tout le monde connaît le poète, mais peu savent qu'il est enterré ici ! Et non pas ailleurs, comme c'est écrit dans certains livres...

— Je ne suis pas très portée sur la littérature…

— Quand même ! Tu verras, c'est plaisant… Ah ! Pendant que j'y pense : j'ai eu le temps de glisser un mot à Nicolas ce matin. Il va voir ce qu'il peut faire. On ne sait jamais, peut-être qu'il te trouvera une place bien plus vite que l'Agence pour l'emploi ? À ce sujet, il aimerait que tu passes à la boîte en fin de matinée, il ne sera pas là, mais il aura passé les consignes.

— Je ne voudrais pas déranger tout le monde…

— Je m'en doute ! En attendant, il a insisté pour que tu déposes ton c .v . auprès de sa secrétaire : mademoiselle Le Lulian. Elle t'attend pour 11 h 30 précises. Bloc administratif, entrée principale, 1er étage, dernier bureau à droite, récita Mathilde.

— Bon, je vois que je n'ai plus le choix. Je tâcherai de ne pas oublier. Au fait, comment je fais pour m'y rendre ?

— Ce n'est pas très loin du square : en sortant, quand tu es dos à la gare, tu prends la première rue sur ta droite. Tu suis la route du Wardan jusqu'au troisième feu et, là, c'est juste sur ta droite. L'enseigne est bien visible. Tu devrais trouver facilement.

— Bien, en attendant, je vais prendre un petit déjeuner : je te prépare quelque chose ?

— Oh non ! Il y a longtemps que j'ai pris le mien ! Mais toi, prends ton temps. Je vais en profiter pour aller faire les chambres…

— Surtout, laisse la mienne. Je m'en occuperai avant de partir.

— Comme tu veux… Ah ! Si Nicolas pouvait être aussi sérieux… »

Marjorie ne releva pas ce compliment qu'elle trouva un peu dévalorisant pour le fils de son hôte. De plus, hormis sa propension pour l'autre sexe, tout au moins pour ce qu'elle en savait, le célibataire qu'il était resté malgré ses trente-huit ans avait plutôt fait ses preuves, professionnellement parlant en tout cas.

Marjorie s'installa tranquillement dans la cuisine vide, songeant à Nicolas : à la tête d'une petite mais florissante entreprise, il devait y avoir nombre de femmes pour répondre à sa demande d'homme.

Elle s'interdit tout aussitôt de nouvelles supputations sur son probable futur employeur et se décida à déjeuner. Mathilde avait tout prévu : tartines, fruits, yaourts, café, la jeune femme reprit des forces en vue de sa promenade. Elle remonta aussitôt dans sa chambre pour refaire le lit et ranger un peu ses affaires. Après une douche rapide, elle se sentit comme neuve. Et prête à affronter la journée. Elle glissa son C.V. dans son sac à main avant de redescendre, saluant son hôte au passage.

« Je déjeunerai en ville. Surtout, ne m'attends pas !, précisa-t-elle à la sexagénaire, qui prenait l'air du matin, de la fenêtre ouverte de sa cuisine.

— D'accord ! À ce moment là, j'irai peut-être déjeuner chez ma voisine, ça fait trois fois que je refuse, à force, elle risque de se fâcher !

— Oh oui ! À ta place, j'irais au plus vite ! », accorda Marjorie en riant.

— Mathilde s'esclaffa également, imaginant son aimable voisine ruminant devant la table dressée pour rien.

La maison en question faisait l'angle, à quelques mètres de là, avant une longue allée qui se jetait sur une des artères principales de la ville. C'est cette large voie, fort fréquentée par les automobilistes, que Marjorie allait devoir emprunter tous les jours, deux fois par jour si, comme cela se dessinait, elle travaillait bientôt chez Leverdois.

Le square était effectivement plaisant à découvrir. Marjorie marcha une bonne heure au gré des allées, appréciant ce petit coin de verdure en pleine ville. Le poète y était largement honoré : un buste à un coin, une plaque à l'autre, un de ses poèmes gravé sur une grosse pierre bleue.

Marjorie aima par-dessus tout la mare où les poissons foisonnaient, les saules qui caressaient sa tête de leurs branches, les buissons et les pelouses que les moineaux, pigeons et pies se disputaient en piaillant, autant que les miettes de pain jetées par les promeneurs. Elle admira néanmoins durant quelques secondes le buste de l'illustre poète, songeant aux milliers de personnes qui avaient pu passer là avant elle : Mathilde lui avait raconté que des gens aussi célèbres que l'adolescent rebelle étaient venus ici, ou au cimetière proche, se recueillir et honorer la mémoire de celui qui fut maudit en son temps. Jim Morrison, Patti Smith, Gainsbourg, Bashung et bien d'autres avaient rendu hommage à cet homme qui n'avait pas eu autre gloire que le succès posthume…

«Drôle de destin» songea-t-elle avant de continuer sa promenade.

À la sortie du square, elle poussa jusqu'au Buffet de la gare. C'est là qu'elle s'était arrêtée la veille… et qu'elle avait revu Nicolas, contre toute attente.

« Si j'avais su le rencontrer ici, j'aurais sans doute évité de venir », pensa-t-elle, se remémorant son trouble d'hier.

« Et quel rustre ! Il faut vraiment être culotté pour oser entrer dans la chambre d'une jeune femme comme ça… », tempêta-t-elle intérieurement.

« Heureusement, je ne le verrai pas pendant quelques jours, ça aidera à remettre quelque distance entre nous », essayait-elle de se convaincre, tandis qu'une petite voix intérieure lui soufflait qu'elle ne valait guère mieux que lui et que Dieu sait ce qu'il ce serait passé si Mathilde n'avait pas surgi à ce moment-là…

Marjorie se défendit d'y songer. Elle commanda un café et s'installa, comme la veille, dans un coin de la salle pour feuilleter le journal local, qu'elle avait acheté en route.

Elle resta là une bonne demi-heure avant de prendre la direction de l'entreprise. À pied, elle en avait pour dix minutes à peine, si elle ne flânait pas en chemin.

Cali Graff

4

Les employés sortaient des bureaux, par groupes ou en file serrée. Il était presque midi. Sitôt franchie la haute grille verte de l'entrée, sur un appel du vigile dans la loge, Marjorie fut prise en charge par mademoiselle Le Lulian. Celle-ci l'accueillit dans un bureau situé à l'étage de ce qu'elle devina être le bâtiment principal dont lui avait parlé Mathilde.

« Alors, il paraît que vous venez d'arriver dans le coin ? Comment trouvez-vous la région ? Et n'allez pas me dire comme tout le monde que c'est triste et qu'il ne fait pas beau ! Vous avez vu ce soleil ? Vous avez eu le temps d'aller vous promener, au moins ? Il y a vraiment de jolis coins, vous savez. Mais, si vous voulez, on en reparlera... Alors, comme ca, vous connaissez Nicolas ? Qui ne le connaît pas, me direz-vous ? J'ai vraiment de la chance : si nous n'étions pas fiancés, j'aurai peur que vous veniez me l'enlever...

— Vous êtes fiancés ?? coupa Marjorie soudain un peu perdue.

— Oh... pas vraiment, mais c'est tout comme : Nicolas doit m'emmener en voyage, dès qu'il rentrera. Un peu comme un voyage de noces, même si nous n'avons pas encore parlé de quoi que ce soit. En fait, nous sommes très amoureux. La preuve, tenez : c'est un pendentif que Nicolas m'a offert, pas plus tard qu'hier... »

La jeune femme avait plongé la main dans son décolleté pour en extraire un bijou que Marjorie ne regarda que vaguement. Elle n'écoutait même plus son hôte, qui poursuivit son soliloque. « Il est pire que je ne le pensais », songea-t-elle, «Combien de femmes se doit-il donc de séduire en même temps ? Eh bien, heureusement que cette fille n'a pas sa langue dans sa poche : au moins, je suis fixée ! »

«Il est splendide, mentit-elle enfin, faisant mine quelques secondes d'admirer le bijou que la fille lui présentait avec insistance.

— Vous trouvez aussi ? Comme je suis heureuse, en fait, j'ai eu un peu peur de vous rencontrer : quand Nicolas m'a dit qu'il fallait que je vous trouve un poste ici, j'ai tout de suite été un peu jalouse. Je l'aime. Lui aussi, mais je n'oublie pas qu'il a connu d'autres femmes avant moi, et parfois, j'ai peur qu'il me quitte pour une autre, confia la jeune femme.

— Ne vous inquiétez pas ! Ce n'est pas du tout mon genre ! répondit Marjorie, de plus en plus agacée. Mais si on passait aux choses sérieuses ?

— Vous avez raison ! Moi, c'est Karine, on peut peut-être se tutoyer et s'appeler par notre prénom. Vous, c'est Marjorie ?

— Oui, enchantée de te connaître, Karine !

— Alors, en fait, il y a bien un poste pour toi. Enfin, si tu veux ?

— Ici ?

— Oui et non…

— Comment ça ?

— Le technicien de la maintenance est en congé maladie : pour être franche, il est très souvent en maladie. D'ailleurs, tout le monde commence à en avoir assez ici. Pas moyen de compter sur lui. Il travaille une semaine ou deux, et systématiquement on ne le revoit plus pendant trois ou quatre semaines, des fois plus. Surtout depuis que nous avons changé le matériel. À se demander s'il n'est pas un peu dépassé... il faut dire qu'il n'est plus de première jeunesse, compléta Karine, sur le ton de la confidence.

— Vous travaillez avec quoi ?

— Comme tout le monde : quand Windows est sorti, il a bien fallu qu'on s'adapte : Actuellement, on fonctionne avec la version 8 : on commence à s'y faire, mais on a parfois des surprises !

— C'est normal : en fait, il faudrait que les salariés puissent bénéficier d'une formation complète. Le système est simple et facile à utiliser à la base, mais pour qu'il soit réellement exploité, ce n'est pas un technicien qu'il faudrait, mais que chaque utilisateur soit un peu technicien lui-même et comprenne la réelle vocation du système d'exploitation !

— Aucune entreprise ne peut se le permettre !

— Bien sûr, c'est pour ça qu'il y a des gens comme moi, qui se spécialisent.

— Alors, ça t'intéresse ? On pourrait te faire un contrat de remplacement pour l'instant, et on avisera après. De toute façon, je crois bien que le patron va pousser un peu monsieur Gorato à prendre une retraite anticipée...

— Monsieur Gorato ?

— Celui que tu vas remplacer.

— Ah... d'accord. Et au niveau salaire, ça donne quoi ?

— Bof : il me semble qu'il n'est pas trop mal payé. Attends... »

Karine fouilla dans les tiroirs de son bureau tandis que Marjorie tentait de s'imaginer ce que pouvait être son travail ici : dépanner les autres salariés, gérer le parc informatique, optimiser son utilisation? En arrivant elle avait croisé quelques employés : la plupart avaient déjà atteint un âge respectable –sans doute comme monsieur Gorato-, et elle se voyait mal tenter de les former aux dernières techniques…

« Voilà ! Deux mille huit cent euros brut, sur treize mois, déplacements et frais de repas en plus… avança Karine.

— Ça me va, mais, les déplacements, je ne vois pas…

— Nous avons plusieurs sites : ici, nous sommes au siège. Nicolas ne t'a rien dit ? Quand il a racheté l'entreprise, elle était au bord de la faillite. Ça fait cinq ans maintenant, mais il a fait du chemin ! Non seulement les finances sont bien plus saines, mais l'ancienne clientèle est revenue. Tu sais, dans le département, il n'y a que deux fournisseurs et l'autre est un peu cher. Et puis, comme Nicolas est allé chercher les derniers brevets aux Etats-Unis, il fait très novateur. En matière d'énergie thermique, on est depuis un moment les plus compétitifs dans le coin. Nicolas a dû ouvrir deux autres agences : une à Vouters et une à Redom. Tu risques d'avoir à intervenir sur les autres sites, mais ne t'inquiète pas, ils fonctionnent de manière moins intensive et cela ne devrait pas se produire tous les jours : la clientèle est déjà bien installée, alors les bureaux détachés font plus de maintenance qu'autre chose…

— Hum ! Et quand est-ce que je pourrais

commencer ?

— Dès aujourd'hui, si tu veux. Mais tu peux aussi attendre lundi : on se passera bien de toi jusque là, tu sais monsieur Gorato est absent depuis quinze jours…

— Je préférerais commencer tout de suite : de toute façon, il va bien falloir que je m'y mette. Au moins, ça me permettra d'y aller doucement !

— Comme tu veux ! Alors, on déjeune ensemble ? Je te préparerai ton contrat tout à l'heure : la cafétéria ne fonctionne que jusqu'à quatorze heures alors on a plutôt intérêt à partir tout de suite.

— J'avais l'intention d'aller déjeuner en ville, mais si tu insistes… et puis ça me coûtera sans doute moins cher… Au fait, ça m'embête un peu de te demander ça, mais il y a moyen d'avoir une avance sur salaire ? Tu sais, je n'ai pas grand chose de côté et il faut que je trouve un logement…

— Je croyais que tu logeais chez la mère de Nicolas ?

« Décidément, on en revient toujours à lui ! », songea Marjorie, qui cherchait une excuse valable.

« Oui, et d'ailleurs elle est très gentille ! Mais je n'aime pas être… aux crochets de quelqu'un. Et puis, ce n'est pas une solution !

— Tu as raison, moi non plus je n'aimerais pas… Même si c'est différent : si Nicolas m'invitait à habiter chez sa mère, je penserais que c'est aussi chez lui, en fin de compte. Et comme nous sommes fiancés… »

« Oui, mais pas moi ! Et heureusement ! », conclut Marjorie en son for intérieur.

Pour rejoindre la cafétéria, les deux jeunes

femmes sortirent du bâtiment et traversèrent la cour : en face, deux autres constructions abritaient l'une les bureaux annexes et l'entrepôt, l'autre les installations collectives.

« Je ne t'emmène pas voir le technique, c'est sale et ils parlent chinois ! », lui confia Karine, l'emmenant visiter la salle de pause, véritable petit salon où chacun pouvait en cours de journée venir papoter, vapoter, boire un café ou manger sur le pouce. Quelques tables, un canapé, un petit coin cuisine et un mini-bar constituaient le mobilier. À côté, un vestiaire croulait sous le poids des manteaux, écharpes et autres accessoires. « Tu sais, ici, le temps change vite : même quand il gèle le matin, on étouffe parfois l'après-midi » justifia la secrétaire.

À l'entrée de la cafétéria, Karine s'arrêta pour saluer quelques collègues. Elle en profita pour présenter Marjorie : « C'est une amie de Nicolas. Elle va remplacer ce ramier de Gorato…
— Super ! Il était temps ! », répondit une des femmes, que Marjorie détesta d'emblée.

Grande, svelte, tirée à quatre épingles, la brune l'avait toisée et observée durant quelques secondes, de la tête au pieds comme un éleveur devant une bête à vendre, avant de lui tendre une main aux ongles longs, vernis, qui remontaient sur des doigts trop maigres cernés d'immenses bagues.
« Enchantée !, concéda-t-elle enfin d'une voix haut perchée.
— C'est Valérie ! Fais attention à elle, la prévint Karine dès qu'elles eurent dépassé le groupe. Avec elle, il y a toujours des problèmes : elle a une

grande langue… et d'aussi grandes oreilles ! Elle sait tout sur tout le monde… et parfois bien plus qu'elle ne devrait. Une vraie boîte à ragots ! Ici, tout le monde évite de lui raconter quoi que ce soit de trop personnel… chuchota Karine, tandis que les deux femmes arrivaient devant le cuisinier, leur plateau à la main.

— Bonjour Karine ! Qu'est-ce que je te sers ? Et ta copine ?

— Mets-moi donc un peu de blanquette, j'ai bien aimé la dernière fois. Je te présente Marjorie : elle va remplacer monsieur Gorato. C'est une amie de Nicolas…

— Enchanté ! Au fait, qu'est-ce qu'il devient ? Il y a plusieurs jours que je ne l'ai pas vu ?

— Il est en déplacement. Mais tu ne le reverras pas de sitôt : la semaine prochaine, nous devons partir en voyage…

— Alors, c'est vraiment sérieux ? Mademoiselle, qu'est-ce que vous préférez ? Blanquette ou couscous ?, demanda-t-il à Marjorie, sans attendre la réponse à sa question précédente.

— J'aime également la blanquette, et si elle est aussi bonne que Karine le dit…

— Bien sûr qu'elle est bonne !, attesta le cuisinier un peu vexé.

— Tenez, goûtez ça ! », intima-t-il en présentant sa cuiller en bois à Marjorie.

Elle apprécia. Le cuisinier retrouva son sourire tandis que les jeunes femmes rejoignaient le réfectoire.

À cette heure-là, il y avait de la place : les premiers étaient déjà repartis au travail. Marjorie et

Karine s'installèrent dans le fond de la salle, près d'une des grandes baies vitrées. De là, elles pouvaient voir la cour et suivre les allées et venues, qui ne manquaient pas.

La conversation s'alimenta ainsi, des passages des salariés sous leurs yeux : Karine entreprit de les présenter un par un à Marjorie, complétant leur « c.v. » de remarques plus ou moins pertinentes sur le caractère, les habitudes, ou tout simplement la réputation des uns et des autres. Marjorie renforça ainsi son animosité envers Valérie, dont Karine lui dressa un portrait vraiment peu flatteur : son intuition était donc bonne !

Mademoiselle Le Lulian lui signala également deux ou trois autres filles, « pas très fréquentables », avant à l'inverse de lui conseiller tel ou tel «homme » de la boîte : Il y avait Michel, un gars bien gentil, célibataire, mais pas vraiment beau. Et puis Olivier, qui passait pour être le joli cœur de l'entreprise, et puis Max un bel homme qui n'avait contre lui que le chagrin, poussé à l'excès, qu'il montrait depuis le décès de sa femme et puis...

« On jurerait que tu as l'intention de me marier ! L'arrêta Marjorie.

— Non, pas du tout !, se défendit Karine avant de s'esclaffer. Mais tu sais, c'est toujours bon à savoir...

— Tu ne peux pas me parler un peu de toi, plutôt ? Alors, depuis combien de temps connais-tu Nicolas ?

— Oh ! Attends, que je réfléchisse... hum... ça fait

bien trois mois, maintenant. Enfin, que je le connais en tant que petit ami. Avant, il sortait avec Valérie, concéda-t-elle en faisant la moue.

— Ah ! Je comprends ! Pas étonnant que ça ne passe pas très bien entre toi et elle…

— Ce n'est pas pour ça. De toute façon, cette fille ne s'entend avec personne. Non, en fait, c'est Nicolas qui m'a couru après. Moi, je n'aurais pas osé : c'est vraiment un bel homme et il a tout pour lui…

« C'est sans doute pour ça qu'il se croit tout permis » songea Marjorie qui, décidément, s'en voulait de plus en plus de s'être laissée aller, la veille.

— Et ça marche bien entre nous. Je crois que c'est vraiment sérieux, continua Karine. Sinon, il ne m'emmènerait pas en voyage…

— Tu as sans doute raison, la rassura Marjorie, tandis que Karine s'apprêtait à quitter la table.

— On y va ? Tu as fini ? Il faut que je retourne travailler. Si tu veux, tu peux rester encore un peu, tu n'as pas encore signé…

— Non, je crois que je vais m'y mettre tout de suite. Tu me montres mon bureau ?

— D'accord ! Suis-moi » dicta Karine.

« Nous y voilà !, lâcha Karine devant une des portes closes.

— Bureau n°19 ! Il faudra que tu fasses changer la plaque, ça m'étonnerait que M. Gorato revienne, maintenant.

— On verra ça plus tard ! Alors, voyons donc… » Marjorie fit mentalement un rapide inventaire de la pièce : « pas mal » jaugea-t-elle au premier coup d'œil.

« Si tu as besoin de quelque chose, n'hésite pas. Je suis à l'autre bout du couloir. Tu peux m'appeler. Tiens, voilà la liste des numéros internes. Je te laisse t'installer. Je viendrai te voir tout à l'heure, avec ton contrat. On en profitera pour prendre un café ?

— Comme tu veux », acquiesça Marjorie tandis que la secrétaire s'éclipsait.

5

« Entre ! » répondit Marjorie aux deux coups frappés à la porte du bureau. C'était certainement Karine qui revenait pour le café, comme prévu.

« Alors, ça y est ? Vous êtes des nôtres ? »
Marjorie aurait reconnu cette voix parmi des dizaines. Elle sursauta, surprise :

« Qu'est-ce que vous faites là ? Je vous croyais en voyage ?

— Un contretemps. En fin de compte je vais rester quelques jours de plus avant…

— Avant de partir en voyage de noces ? On peut dire ça, non ? persifla-t-elle à l'attention de son nouveau patron.

— Je vois que vous êtes drôlement renseignée !

— Karine n'a pas pu s'empêcher de me faire part de vos projets. Mes félicitations ! », ajouta-t-elle d'un ton grinçant en toisant Nicolas, qui venait de perdre un peu de sa superbe.

Elle avait réussi à le mettre en colère, c'était visible. Il avait perdu ce petit sourire suffisant qui irritait tant Marjorie. On aurait dit que ses yeux s'étaient assombris soudain et il en était encore plus beau. Marjorie regretta vaguement d'avoir été aussi sèche, mais elle avait du mal à admettre qu'il ait tenté de la séduire, alors qu'il s'apprêtait, vraisemblablement - même si elle doutait que ce soit réellement sérieux, à convoler.

Nicolas sembla vouloir ajouter quelque chose, mais Karine arriva juste à point pour mettre fin à cette confrontation qui n'augurait rien de bon.

« Mon chéri, mais qu'est-ce que tu fais là ? Alors,

tu ne pars plus ? Tant mieux, on pourra dîner ensemble ce soir ! Tu sais que tu m'as manqué ?, l'accueillit-elle en déposant un léger baiser sur les lèvres serrées de Nicolas.

Marjorie sentit comme un petit pincement au cœur, mais elle simula l'indifférence, tandis que le couple enlacé s'approchait un peu plus du bureau.

« Tiens, voilà les papiers à remplir. Dépêche-toi, parce que je dois renvoyer tout ça ce soir !, intima Karine à Marjorie en déposant son dossier sur la table. Et si tu veux une avance… »

« Mais tu ne peux pas être un peu plus discrète ? », aurait voulu lui dire Marjorie, de plus en plus mal à l'aise.

« Pourquoi n'as-tu rien dit ?, reprit Nicolas. Je t'ai pourtant dit que tu pouvais compter sur nous, si tu avais besoin. Tu sais, ma mère te fait confiance. Tu peux lui demander n'importe quoi… »

Il était passé du vous au tu, sans ambages, ce qui eut pour effet d'irriter un peu plus Marjorie.

« Je sais, mais je ne voudrais pas abuser… Je dormirai à l'hôtel ce soir. En plus, je ne voudrais pas perturber votre dîner d'amoureux, lâcha-t-elle en le regardant droit dans les yeux.

Nicolas ne broncha pas, tandis que Karine sautait sur l'occasion :

— Elle a raison ! Et si tu veux, je tiendrai compagnie à ta mère… »

Nicolas la gratifia d'un léger baiser sur les cheveux avant de prendre congé :

« Bon, je n'insiste pas, vous avez gagné ! », conclut-il d'un ton léger.

« Bonne soirée, Marjorie, et peut-être à

bientôt », ajouta-t-il aimable, tandis que ses yeux noirs s'assombrissaient dangereusement et que ses sourcils froncés semblaient tenir un tout autre discours quand il se tourna vers la jeune femme.

Elle feignit de ne rien voir et le salua tout aussi aimablement, se félicitant de n'avoir pas à dormir sous le même toit une nuit de plus.

Nicolas sorti, les deux jeunes femmes allèrent faire une pause dans la petite pièce que Karine avait montrée à Marjorie un peu plus tôt. Elles y retrouvèrent plusieurs employés rencontrés le midi et d'autres avec lesquels il fallut faire les présentations.

« Nicolas a toujours autant de chance !, lâcha un jeune homme que Marjorie ne connaissait pas encore.

— Et toi, tu es toujours aussi jaloux !, se moqua Karine en allant l'embrasser.

— Tu me présentes ?

— Marjorie, Eric, Eric, Marjorie !, s'exécuta Karine.

Marjorie avança la main, mais Eric la devança et lui posant une main sur l'épaule, l'embrassa :

— Tu permets ? Une aussi jolie fille… justifia-t-il, tandis que Marjorie rougissait sous le compliment. Tiens, c'est moi qui offre le café ! D'accord les filles ?

— Comme tu veux », accorda Karine, tandis que le groupe s'installait autour d'une table.

Karine se fit un devoir de raconter tout ce qu'elle savait sur la nouvelle venue, tandis que Marjorie était aussitôt pressée de questions. Eric s'était installé tout près d'elle et semblait ne plus vouloir s'en détacher. Marjorie se prit à l'observer discrètement. Bel homme, il devait avoir à peu près le même âge qu'elle. Brun, les yeux verts, il avait aussi un charmant sourire, au-dessous d'une moustache dont les extrémités remontaient légèrement sur les joues...

« D'accord Marjorie ?, la pressait Karine.

— Pardon ? Excuse-moi, je n'ai pas entendu la question...

— Eric propose que nous sortions tous les quatre demain soir. Il a des places pour le concert de Johnny !

— Tous les quatre ?

— Nicolas et moi et toi et Eric, poursuivit Karine, que la proposition semblait séduire.

— Tu n'as pas le droit de refuser ! Lança Eric, sur un ton trop sérieux que démentaient ses yeux brillants de malice.

— Rien que pour Johnny, j'irais même avec un bossu ou un lépreux ! », clama Marjorie à son tour, voyant là une bonne occasion de remettre Nicolas à sa place: «Si je suis accompagnée, il me laissera tranquille. Et tant pis pour son ego ! » se félicita-t-elle.

«Puisque tout le monde est d'accord, rendez-vous devant le parc des expositions à 18 heures ! On ira prendre un verre avant, je connais un petit café pas mal ! », décida Eric, tandis que chacun s'apprêtait à reprendre le travail.

Marjorie quitta vers 17 heures, son contrat et un chèque d'avance en poche. Elle n'eut aucun mal à trouver un hôtel : en centre ville, il n'y avait que l'embarras du choix. Elle opta pour le «Central», une grande bâtisse dont les néons bleus éclairaient toute une rue, juste en face de la gare. Elle n'était pas loin de son travail et les chambres étaient correctes et à un prix acceptable. Elle prit sa clef avant de se décider à retourner chez Nicolas pour reprendre ses affaires.

Comme elle s'y attendait, Mathilde fit la moue quand elle lui fit part de ses projets. Marjorie réussit tant bien que mal à lui faire comprendre qu'une jeune femme comme elle avait besoin d'indépendance. De solitude aussi. Mathilde mit ces exigences sur le compte de sa rupture récente avec Alex. Elle n'insista pas, mais fit promettre à Marjorie de passer régulièrement pour donner de ses nouvelles. Marjorie s'exécuta, regrettant un peu de devoir déjà quitter la vieille dame. Elle était si sympathique ! Mais, la cohabitation avec Nicolas, voire avec Karine était devenue impossible. Elle avait eu du mal à l'admettre, mais elle était bel et bien jalouse de ce couple mal assorti. Mieux valait mettre quelque distance.

Elle embrassa Mathilde et la remercia chaleureusement avant de tourner les talons, sa valise à la main.

« Tu permets ? Je vais t'emmener, l'arrêta Nicolas qui venait de passer la porte.

— J'ai fait tout ce que j'ai pu, mais elle ne veut pas rester, gémit Mathilde, les bras écartés en signe d'impuissance.

— C'est une femme têtue, maman, tu n'y changeras rien, plaisanta Nicolas.

— Ah ! De ce point de vue, vous formez un beau couple, tiens ! Heureusement que vous ne sortez pas ensemble, ça risquerait de faire des étincelles !

— Tu exagères, contesta Nicolas, qui suivait Marjorie des yeux.

Vexée, celle-ci s'était avancée vers la voiture et attendait, le regard perdu de l'autre côté de la route. Nicolas s'attarda quelques secondes sur la silhouette de Marjorie. Ses cheveux longs, légèrement ondulés, descendaient sur son dos. Les mains dans les poches de son Jeans, Marjorie balayait d'un pied le gravier de l'allée. Nicolas caressa encore un peu du regard les courbes pleines de la jeune femme. D'un mouvement de tête, Marjorie remit en place une mèche qui avait suivi le mouvement du vent. Nicolas regretta, une fois de plus, de ne pas être plus proche, de n'avoir pas su lui plaire. Qu'avait-il donc fait pour qu'elle l'évite à ce point ? Bien sûr, il sortait avec Karine. Mais ce n'était qu'un flirt, même si Karine se plaisait à y voir beaucoup plus : Nicolas avait surpris une de ces conversations où Karine parlait de projets. Lui n'en avait fait aucun. Et aucune promesse non plus ! Bien sûr, il avait dit qu'il l'emmènerait en voyage, mais juste pour lui faire plaisir ! Il n'était nullement question de fiançailles.

Il avait laissé dire jusqu'à aujourd'hui, mais commençait à le déplorer. Même s'il avait l'habitude de découvrir nombre de ragots qui couraient sur son compte. Cette fois ça risquait réellement de lui nuire : il n'avait pas réussi à oublier Marjorie. Sa jeunesse, sa force, sa beauté, son intelligence, son caractère aussi ! C'était la première fois qu'il rencontrait une femme de cette trempe. Elle lui plaisait de plus en plus.

« Pourquoi n'ai-je pas été plus prévenant ? Je suis sûr qu'elle n'a pas digéré mon intrusion dans sa chambre… Pourtant, sur le moment, elle m'a semblé bien plus avenante », songea-t-il encore, gardant à l'esprit la fougue avec laquelle elle avait répondu à son baiser.

« Tu te fais du mal ! Allez, va, on verra bien… », s'encouragea-t-il intérieurement.

« Où est-ce que je te dépose ?, l'interrogea-t-il en montant dans la voiture.

— Je suis descendue au « Central », mais j'aurais pu y aller toute seule, ce n'est pas très loin…

— Ne t'a-t-on jamais dit que les jeunes femmes prudentes ne sortaient pas seules la nuit tombée ?, essaya-t-il de plaisanter, sur un ton qui manquait vraiment de conviction.

— De peur de rencontrer des hommes mal intentionnés ?, ironisa-t-elle.

—Exactement, poursuivit-il sans se démonter. Mais, rassure toi, l'inverse existe aussi…

— C'est vrai, les hommes sont des victimes méconnues! N'est-ce pas ?

— Parfois, oui… » marmonna Nicolas, dont la voix s'était soudain assombrie.

D'un léger coup d'œil, Marjorie nota sur le visage de Nicolas une expression de gravité qu'elle ne connaissait pas. Les lèvres fermées, le regard rivé sur le devant de la route, il n'acheva pas sa phrase et se contenta de manipuler bruyamment la boîte de vitesses.

Marjorie s'en voulut un instant d'avoir été aussi

méchante. « Mais il l'a cherché ! N'est-ce pas lui qui est rentré dans ma chambre ? », se reprit-elle en tentant d'apaiser sa conscience.

Quelque chose l'intriguait : pourquoi un homme comme lui, si séduisant et bon parti, semblait contre toute apparence soudain, ne pas être le Don Juan que les autres voyaient en lui ? Une femme l'avait-elle fait souffrir ?

« On y est ! » lâcha Nicolas, rompant le silence. Il descendit le premier et vint lui ouvrir la portière, avant de ressortir sa valise du coffre et de pousser la porte de l'hôtel. Marjorie n'eut pas le cœur à le renvoyer tout de suite.

Dans le restaurant, quelques personnes étaient à table. Marjorie sentit son appétit se réveiller. Elle n'avait rien avalé depuis midi, à part du café, et il était temps qu'elle reprenne des forces. Ses bagages montés par le garçon d'étage, elle voulut se faire pardonner son audace de tout à l'heure :

« Je crois que je vais me régaler, la carte m'a l'air bien alléchante ! Je t'offre un apéritif ? », tenta-t-elle d'une voix un peu plus douce.
Nicolas accepta et héla un serveur :

« Deux apéritifs-maison … À ma table ! », intima-t-il.

« Bien Monsieur Leverdois, je vous sers tout de suite, répondit le garçon, devant Marjorie stupéfaite.
— Je viens ici de temps en temps, justifia Nicolas devant son regard interrogateur.
— Pour affaires… » précisa-t-il aussitôt.

« Décidément ! », songea Marjorie, «Pas moyen de faire trois pas sans tomber sur quelqu'un qui le connaisse ! ».

Ils burent l'apéritif tranquillement. Le cocktail servi par l'hôtel était légèrement fruité et très agréable à boire. Mais Marjorie, peu habituée à l'alcool, eut tôt fait de sentir ses joues rosir et l'éclat de ses yeux s'intensifier. Nicolas aussi.

« Je crois qu'il ne faudrait pas t'en servir un de plus, blagua-t-il tandis qu'elle rougissait de plus belle.

— Désolée, mais j'ai rarement l'occasion de trinquer », se justifia-t-elle un peu vexée.

Les jambes en coton, la langue légèrement pâteuse et qui tendait à fourcher, elle se maudit un instant de ne pas supporter mieux l'alcool.

— Je ne disais pas ça pour me moquer, d'ailleurs tu n'en es que plus ravissante... » concéda-t-il avec un sourire charmeur.

Marjorie se demanda s'il était vraiment sérieux. Ses yeux plongeant dans les siens, légèrement brillants aussi, lui ôtèrent ses doutes. Une petite voix intérieure tenta de la rappeler à l'ordre, mais la boisson aidant, légèrement grisée déjà, elle le dévisagea à son tour avec insistance, rougissant un peu plus.

Marjorie traversa les heures suivantes comme dans un rêve. Nicolas l'accompagna jusqu'à sa chambre. Il la suivit à l'intérieur et verrouilla derrière lui. « Il est encore temps de le repousser ! » criait dans la tête de la jeune femme la voix de la raison. C'était peine perdue. Marjorie avait enroulé ses bras autour du cou de Nicolas. Il serra un peu plus la jeune femme contre lui. Ses lèvres forcèrent légèrement celles de Marjorie, qui ne résistèrent que pour la forme. Lentement, Nicolas passa ses mains sous le chandail de Marjorie, allant chercher sa poitrine déjà haletante. La jeune femme quémanda plus encore de la bouche possessive. Il entraîna Marjorie jusqu'au lit, qu'il débarrassa de la valise encore fermée, avant de quitter sa veste. Marjorie avait déjà déboutonné la chemise de Nicolas et caressait avidement la poitrine aux muscles souples. Nicolas explora silencieusement le joli corps qui se dévoilait peu à peu, avant de le prendre avec force et d'arracher à Marjorie des petits gémissements de plaisir. « Je t'aime », lâcha-t-elle dans un souffle, les bras pendus à son cou.

« Ma chérie ! », soupira-t-il tandis que son corps se détendait enfin. Il la couvrit encore de baisers et chuchota quelques mots à son oreille. Marjorie n'écoutait déjà plus, à mi-chemin entre l'extase et le sommeil.

Il resta quelques minutes à la regarder après s'être rhabillé : offerte, étendue sur le lit. Il s'attarda sur ses seins ronds, son ventre plat, ses longues cuisses galbées. Il replia la couette sur le corps dénudé avant de se décider à repartir. « Au revoir mon amour », souffla-t-il encore avant d'enfiler sa veste et de quitter la chambre.

Marjorie dormait à poings fermés, un petit sourire sur les lèvres.

6

« Ce n'est pas vrai ! Comment ai-je fait mon compte ? Qu'est-ce que je vais trouver comme excuse à ça ? », paniqua Marjorie, réveillée par le flash-infos de cinq heures. Dans la pénombre, elle constata les dégâts : nue, enroulée dans sa couette, les vêtements épars autour du lit, la valise encore fermée, elle devina aussitôt ce qu'avait été la soirée, que les vapeurs d'alcool avaient un peu occultée.

Et lui, avait-il été aussi grisé par le cocktail ?, se demanda-t-elle bientôt, repoussant aussitôt cette idée saugrenue. Etait-il conscient qu'elle n'était pas tout à fait dans son état normal ? Sans doute que non. Qu'avait-il dû penser d'elle ? Et Karine ? « Il ne faut surtout pas qu'elle sache ! », décida Marjorie qui redoutait le pire. « Je n'arriverai jamais à la regarder en face ! », paniqua-t-elle aussitôt, tandis qu'on frappait à la porte.

« Sûrement la femme de chambre » songea-t-elle en enfilant à la hâte un peignoir qu'elle venait d'extirper de sa valise.

« Entrez !

— Tu es réveillée ? J'avais peur de ne pas te trouver...

— Qu'est-ce que tu fais là ? Tu ne crois pas qu'on a déjà assez fait de mal comme ça ?, demanda-t-elle vivement à Nicolas, qui venait de franchir le pas de la porte.

— Qu'est-ce qui se passe ? Qu'est-ce que j'ai encore fait ?

— Tu me le demandes ?

— Oui !

— Tu crois vraiment que Karine…

— Qu'est ce que Karine a à voir là-dedans ?

— C'est ta fiancée, non ?

— Non !

Marjorie resta quelques secondes muette. Qu'essayait-il de lui faire comprendre ?

— C'est pourtant ce qu'elle m'a dit hier…

— Elle dit ça à tout le monde, mais il n'y a rien de sérieux entre nous…

— Vous sortez bien ensemble ?

— Oui et non. Ce n'est qu'un flirt. Et ça n'ira pas plus loin… compléta Nicolas en s'approchant de Marjorie. J'ai trouvé bien mieux… justifia-t-il, défaisant d'un coup la ceinture du peignoir de Marjorie.

— Laisse-moi tranquille !

— Pourquoi ?, demanda-t-il avant de poser ses lèvres sur le cou de la jeune femme.

— On n'a pas le droit !

— Bien sûr que si… Vas-tu me croire, enfin ?

— Et ce voyage, que vous devez faire ?

— J'annulerai : inutile de lui laisser de faux espoirs », souffla-t-il impatient.

Marjorie capitula sous les caresses de Nicolas, qui s'était aventuré dans son dos et faisait courir des frissons sur la peau de la jeune femme.
Il s'appliqua à la débarrasser de sa sortie de bain, annihilant ses dernières réticences.

Libérée de ses remords, la jeune femme entreprit la découverte du corps qui s'approchait du sien. Déboutonnant le Jeans serré, sa main caressa tendrement la chair ferme de ses fesses, de son ventre, de ses cuisses. Nicolas la pressa un peu plus contre lui, sa bouche se faisant plus exigeante encore. Plus lentement, mais plus sûr et plus possessif, il poussa bientôt Marjorie sur le lit, se débarrassant nerveusement de ses derniers vêtements. Marjorie ferma les yeux, consentante, quand Nicolas s'introduisit en elle avec la vigueur du désir déjà trop longtemps contenu. Les minutes, magiques, se succédèrent, impalpables, dans les brumes du plaisir croissant. Nicolas l'étreignit plus encore quand, se mordant les lèvres, elle laissa échapper un petit gémissement, provoquant en lui la libération attendue. Abandonnés enfin, leurs lèvres s'unirent encore longuement, avant que le sommeil fonde à leurs rêves leurs précieux instants.

Nicolas, plus prompt, s'était levé vers sept heures. Somnolente, elle l'avait laissé partir avant d'émerger complètement, sur le coup des huit heures, songeant à sa journée de travail qui se profilait.

Cali Graff

7

Karine commençait à s'inquiéter. D'ailleurs, elle avait failli ne pas venir travailler. La veille, Nicolas et elle devaient dîner ensemble. Elle l'avait attendu chez Mathilde durant plusieurs heures. Il était arrivé tard dans la soirée. Karine l'avait trouvé fatigué et un peu absent. Il s'était contenté de la reconduire chez elle, après avoir grignoté un peu de pain et de charcuterie tandis que les deux femmes finissaient de dîner.

Les choses s'étaient vite dégradées ensuite. Quand elle avait voulu l'embrasser, il s'était détourné :

« Laisse moi donc un peu tranquille !

— Qu'est-ce qui se passe mon chéri ?

— Ne m'appelle pas comme ça, nous ne sommes pas amants, que je sache ! »

Une douche glacée n'eût pas fait plus d'effet à Karine, qui s'était recalée sur son siège tandis que Nicolas poursuivait :

« Et arrête de faire croire le contraire à tout le monde ! Ça me pose de gros problèmes. On nous voit déjà mariés !

— Mais, je croyais que…

— Que quoi ?

— Que tu m'aimais ?

— Tu sais très bien que ce n'est pas vrai. Je t'aime bien, c'est tout. Il n'y a rien de sérieux entre nous ! »

Les larmes s'étaient mises à couler sur les joues de Karine. Ce qui avait eu pour effet d'accentuer encore la colère de Nicolas, qui avait resserré ses mains sur le volant et accéléré pour la déposer au plus vite au pied du bâtiment qu'elle habitait. Sans un mot, il était allé ouvrir sa portière, sans pour autant couper le moteur. Tête basse, Karine était rentrée chez elle sans plus attendre. Elle s'était affalée sur le canapé en rentrant et de gros sanglots s'étaient échappés de sa gorge avant que le sommeil ne donne un répit à son chagrin. Elle avait eu beaucoup de mal à se lever et quand elle avait vu ses yeux rougis et ses lèvres gonflées dans le miroir de la salle de bains, elle avait décidé de ne pas aller travailler. Mais rester là, à moitié prostrée dans son appartement ne la satisfaisait pas non plus. En hâte, elle avait fini par faire un brin de toilette et avait enfilé ce qui lui passait sous la main. Une chemise à carreaux pas repassée, un Jeans et des tennis, le résultat n'était pas franchement joli à voir pour une fille d'habitude si bien mise, mais Karine décida, pour une fois, d'en faire abstraction et fila au bureau. Elle finit par appeler Mathilde : peut-être qu'elle pourrait la rassurer et lui dire que Nicolas n'était pas dans son assiette, ou dans une mauvaise passe, ou qu'il avait passé une mauvaise journée ? Karine avait bien du mal à croire ce qu'il lui avait dit la veille. D'ailleurs, elle ne pouvait pas le croire. Elle se sentait si bien avec lui !

Mathilde ne lui fut malheureusement d'aucun secours. Qu'est-ce qui s'était donc passé pour que, du jour au lendemain il la rejette de la sorte ?
Karine commença à supputer : « Et si c'était cette pimbêche de Valérie ? Elle est bien capable de venir s'immiscer entre nous ! Tout le monde sait qu'elle n'a pas digéré la rupture… À moins que Nicolas ait

décidé de prendre un peu de recul et qu'il reviendra me chercher d'ici une semaine ou deux, c'est vrai qu'il travaille beaucoup. Il est peut-être un peu surmené ? »

Karine essayait de se persuader que Nicolas et elle n'avaient pas vraiment rompu, mais quelque part, elle n'était pas franchement rassurée. Nicolas confirma vite cette impression, quand elle le croisa à l'heure du déjeuner. Il répondit à peine à son bonjour avant d'aller s'installer à l'autre bout de la cafétéria. Valérie, à quelques tables de là, jubilait. Il était clair pour tout le monde que l'idylle était terminée. Elle s'approcha de Karine avec un large sourire :

« Bonjour, tu es toute seule aujourd'hui ? Je peux m'asseoir ?

— Non, j'ai besoin de rester seule.

— Il y a de l'eau dans le gaz, on dirait ?

C'était plus une affirmation qu'une question.

— Mêle-toi de tes affaires !, s'irrita Karine.

— Oh ! Mais je disais ça juste comme ça, histoire de faire la conversation…

— Et bien ça y est, c'est dit, maintenant, tu peux peut-être aller voir ailleurs s'il n'y a pas une autre histoire bien croustillante que tu pourrais te mettre sous la dent !

— Si tu le prends comme ça… »

Karine avait repris le travail, malgré son humeur exécrable. Elle n'osa pas aller voir Marjorie avant l'heure du café. Celle-ci avait déjeuné dans son bureau, frugalement, d'un sandwich et d'une pomme.

Les deux femmes ne s'étaient pas vues le matin : Karine était arrivée en retard et n'avait pas osé, avec la tête qu'elle avait, affronter les autres.

Marjorie n'allait pas beaucoup mieux. Nicolas lui avait expliqué sa discussion avec Karine. Elle se sentait un peu coupable. Et en même temps, elle était heureuse de l'avoir revu au lever du jour. En fait, elle était amoureuse. Elle avait eu du mal à l'admettre, mais c'était bien la vérité. Et puisque Nicolas avait rompu avec Karine…

Mais il lui était difficile d'aller affronter sa nouvelle amie. Comment allait-elle prendre les choses ? Et Nicolas ne lui avait pas parlé d'elle ! Marjorie décida de ne rien laisser paraître, au moins durant quelque temps. Elle appela Karine pour le café. Celle-ci répondit sans entrain. Les deux jeunes femmes se retrouvèrent dans la salle de pause, laquelle, heureusement n'était pas vide. Le sujet ne fut pas abordé tout de suite, mais à l'arrivée d'Eric, qui vint leur rappeler le concert prévu le soir-même.

« Allez-y sans nous…. Commença Karine.

— Pourquoi ? Tu ne vas pas louper ça ? Et ne me dis pas que Nicolas a refusé une invitation pareille ?

— Non, en fait, on est brouillés…

— Comment ça ?

— Je n'ai pas envie d'en parler, mais allez-y vous !

— Comme tu veux, mais tu rates une belle occasion, le prochain concert n'est pas pour sitôt !

— Ça ne fait rien, tant pis pour moi… »

Devant l'air triste de Karine, Eric n'insista pas. Il fut entendu qu'il viendrait chercher Marjorie à son hôtel, dès sept heures :

« Mets quelque chose de chaud, il ne fait pas

très bon et ce n'est pas couvert » conseilla-t-il à Marjorie.

Karine avait bu son café très vite et avait disparu. Marjorie retourna dans son bureau quelques instants plus tard.

Elle eut du mal à se concentrer sur son travail. Elle avait entrepris d'installer un nouveau logiciel sur le réseau : du matériel que son prédécesseur avait commandé depuis des mois et qui croupissait dans un coin. Elle dut s'y reprendre en plusieurs fois avant qu'il ne fonctionne, mais elle soupira d'aise quand elle eut terminé : il était déjà l'heure de rentrer. Elle se promit de veiller à son application dès la semaine suivante.

En attendant, il fallait qu'elle aille prendre une douche et se changer pour la soirée.

Cali Graff

8

Eric n'était pas venu seul : il expliqua qu'il avait rencontré Nicolas un peu plus tôt et qu'il l'avait réinvité, malgré sa rupture avec Karine, de même qu'une copine à lui.

« Je ne pouvais pas le laisser seul ! Mais tu verras, Sandrine est très gentille, et elle se fera un plaisir de sortir avec Nicolas, même si ce n'est que pour une soirée... »

Marjorie était verte de jalousie, mais elle tint sa langue. Nicolas aussi, quand il la vit arriver au bras d'Eric. Marjorie riait intérieurement de le voir soudain aussi tendu et sans cesse en train de les surveiller. Il était jaloux. Elle était rassurée.

« C'est de sa faute, de toute façon. Il n'a qu'à afficher les choses clairement. Nous voilà bien, maintenant ! », songea-t-elle tandis qu'ils descendaient de la voiture.

Tout près, la musique sortie des gros haut-parleurs dispersait ses décibels dans la nuit déjà fraîche. Les deux couples atteignirent leurs places après quelques coudes à coudes. Les gradins étaient archi pleins, Eric avait prévenu : Johnny n'était pas venu depuis dix ans, ça se voyait !

Il restait quelques minutes avant le début du concert. Un groupe local terminait la première partie. Marjorie suivit à peine les gesticulations des chanteurs hard. *Les Elefan.* Des débutants.

« Ça ne te plaît pas ? Moi je trouve qu'ils ont vraiment de la classe ! », commenta Eric qui se trémoussait au rythme de la musique. Nicolas ne semblait pas franchement apprécier non plus. Les bras croisés, les jambes dépliées sous le siège de devant, il avait l'air songeur. Eric le secoua un peu, ce qui eut pour effet de l'agacer :

« Laisse moi donc tranquille ! Tout le monde n'est pas obligé d'adorer ces hurluberlus... »

Heureusement, le groupe quittait la scène. Eric ne répondit pas et applaudit tant qu'il put la sortie des jeunes chanteurs. Marjorie tentait de deviner quelques visages, sur les sièges voisins. La lumière était trop faible pour ça et elle y renonça très vite, tandis qu'une ovation annonçait l'arrivée du chanteur vedette.

La soirée fut agréable. Johnny eut tôt fait de chauffer son public avec quelques titres phares avant d'entonner ses dernières chansons. Il répondit au premier rappel, mais s'éclipsa au second. D'un coup, l'atmosphère retomba dans sa banalité, tandis que les allées encombrées égrenaient les fans du rocker dans la nuit glacée de ce mois de novembre. Eric avait disparu dans la cohue et, avant qu'elle ne s'en aperçoive, Marjorie se retrouva seule avec Nicolas : Sandrine s'était excusée et était rentrée à la moitié du concert, incommodée par une sérieuse migraine. Naturellement, Nicolas l'emmena jusqu'à sa voiture, garée à quelques rues de là. Son bras s'était resserré autour de la taille de la jeune femme, dès qu'ils avaient quitté le parc.

« On devrait peut-être attendre Eric, on ne peut pas le laisser rentrer à pied...

— Ne t'inquiète pas pour lui, il est en bonne compagnie et je ne crois pas qu'il ait envie de rentrer maintenant... », lâcha Nicolas d'un ton plein de sous-entendus.

Marjorie abandonna du coup ses réticences et passa sa main sous le blouson de Nicolas.

— Tu as envie de rentrer ? On peut peut-être poursuivre la soirée dehors, je connais un endroit assez calme, à l'autre bout de la ville… Si tu n'as pas trop froid, on peut y aller à pied, j'aimerais te montrer quelque chose ?

— Je ne sais pas… Tu n'as pas peur que qu'on nous voie ensemble ?

— Pourquoi ?

— À cause de Karine…

— Je t'ai déjà dit qu'il n'y avait jamais rien eu entre elle et moi ! Je n'ai rien à cacher !

— Pourquoi as-tu accepté de venir avec Sandrine, alors ?

— Et toi ? Tu es bien arrivée au bras d'Eric, non ?

— Oui, mais c'est parce qu'il n'est pas au courant, Karine lui a bien dit que ça n'allait plus, mais tu ne lui as pas parlé de moi…

— Tu imagines ? Heureusement, sinon c'était la cata assurée ! Mais, on peut très bien s'être rapprochés ce soir…

— On oublie tout et on recommence, alors ?

— Exactement ! »

Marjorie s'était arrêtée net et s'était écartée de Nicolas. Se fichait-il d'elle ? Etait-ce aussi simple ? Elle le regarda dans l'ombre, un peu déstabilisée. Il se contenta de sourire et de s'approcher pour l'embrasser. Les principes et les derniers remords de Marjorie s'envolèrent aussitôt.

9

Le lundi, Karine ne vint pas travailler. Ça simplifiait les choses pour Marjorie qui avait du mal à se décider à lui parler : pour lui dire quoi ? « Je sors avec Nicolas, je suis désolée que tu te sois fait des idées sur lui ? » Non, décidément, Marjorie se voyait mal en rivale compatissante. Ses remords s'étaient dissipés : Nicolas et elle avaient passé un week-end agréable, entre l'hôtel et la campagne environnante. La veille, il l'avait emmenée déjeuner dans une auberge. Elle avait beaucoup aimé l'ambiance rustique. Autant que la nourriture : les aubergistes, après que Nicolas leur eut expliqué que Marjorie n'était «pas d'ici», avaient décidé de l'initier à la gastronomie locale, voire de la Belgique toute proche. On n'était pas loin de la frontière, et les spécialités de Gaume arrivaient facilement jusqu'à l'auberge.

Elle avait goûté aux charcuteries, au rôti de sanglier, à la tarte au sucre, aux chocolats, aux alcools du cru... Nicolas l'avait laissée faire, tandis que l'aubergiste tentait de lui faire reprendre de chaque plat. Retrouvant après quelques mets le souci de sa ligne et du nombre de calories qu'elle avait dû ingurgiter, elle avait bataillé durant quelques minutes pour faire admettre à son hôte que, même si c'était bon, elle se devait d'arrêter là. « Mais vous n'avez que la peau sur les os ! », s'était-il désolé en la regardant. À côté de lui, c'était sûr ! L'aubergiste devait au moins peser son quintal et elle ne pouvait que lui paraître maigrichonne. Mais elle avait fini par le rassurer, lui accordant qu'elle avait au moins mangé pour une semaine. Elle n'avait néanmoins pas réussi à partir sans promettre de revenir. Ce qu'elle fit de bonne grâce.

L'après-midi, Nicolas l'avait promenée dans la campagne. Vaches, moutons, chevaux, elle avait eu droit à une visite des fermes et de champs avant de découvrir, en pleine ville, les parcs aménagés. La Ligue de protection pour les oiseaux et les jardiniers municipaux s'accordaient pour maintenir la nature au milieu des constructions. En l'espace de quelques secondes, elle s'était retrouvée d'un parking encombré à un véritable havre peuplé d'oiseaux et réunissant de nombreuses espèces et essences, que seul un mur de pierre séparait de la civilisation.

Ils étaient ensuite allés au cinéma. Sur le Cours Britain, Nicolas avait rencontré plusieurs personnes de sa connaissance. Des journalistes, dont les bureaux étaient proches, le préfet, qui était accompagné de son épouse, quelques adjoints au maire et même un des députés, en train de faire son jogging.

Marjorie avait été surprise par l'édile du département, qui avait volontiers bavardé avec eux. L'homme avait vraisemblablement gardé une simplicité qui tranchait sur ce qu'elle avait pu, jusqu'alors, voir ou savoir des préfets. Nicolas lui avait également présenté Albert et Henri, deux des rédacteurs du quotidien local. Le Jour et la Nuit : Henri, grand gaillard solide et avenant avait aimablement discuté avec eux pendant quelques minutes. L'autre, petit, trapu, lui avait paru être un drôle d'énergumène : à la limite de la bienséance, il n'avait essayé que de monopoliser l'attention de Nicolas –sans y parvenir- avec des sujets qui avaient vite franchi les limites de la décence et que personne n'avait écoutés. Malgré l'indifférence polie du groupe, le journaliste ne s'était pas départi de sa remarquable aisance, vraisemblablement certain d'avoir conquis l'auditoire.

Tandis qu'Henri avait fini par aimablement prendre congé pour retourner à l'agence, Albert s'était assuré que le couple « viendrait bien boire un pot, un de ces soirs, même en vitesse ».

Nicolas avait entraîné Marjorie pour couper court à toute discussion et ce n'est que quelques mètres plus loin, après s'être assuré qu'ils étaient hors d'écoute, qu'il l'avait mise en garde : « Si tu le laisses faire, tu ne t'en défais plus ! Un vrai pot de colle ! Parfois, je me demande s'il a toute sa tête : il a beau se faire remettre en place sans arrêt, on dirait que rien ne le touche. Il doit être un peu mégalo. Si on l'écoute, la moitié des femmes de la ville sont passées dans son lit !

— À ce point là ?

— C'est ce qu'il dit, en tout cas. D'ailleurs, tout le monde se méfie de ce qu'il dit. Il a déjà créé des problèmes à pas mal de monde : il a le don d'arriver à faire parler les autres, et il s'en sert ensuite. Mais je crois qu'il en rajoute beaucoup. Parfois, j'ai l'impression que c'est une façon de se protéger : il y a pas mal de bruits qui courent sur lui, et pas des plus jolis…

— On dirait qu'il faut que je me tienne à l'écart ?

— Ça vaut mieux ! De toute façon, rares sont ceux qui peuvent prétendre être de ses amis. En fait, je crois qu'il n'en a pas : les gens finissent par l'éviter.

— Est-il vraiment aussi mauvais que ça ?

— Je ne sais pas, mais je m'en méfie même si jusqu'à maintenant, je n'ai pas eu à m'en plaindre…

— Et comment fait-il pour son travail ? Si les gens l'évitent, ça ne doit pas rendre les choses faciles !

— Il y a d'autres journalistes… Et puis, entre loups on ne se mange pas : certains préfèrent feindre être du même acabit, pour ne pas avoir à en pâtir… »

Nicolas et Marjorie avaient vite rejoint le cinéma tout près, tandis que la jeune femme songeait encore à Albert : malgré tout ce que lui avait dit Nicolas, elle le considéra comme inoffensif. Elle le voyait plus dans la peau du pitre de service qu'en Machiavel déguisé. Et puis, il avait été charmant avec elle. Il lui avait même semblé un tantinet timide et mal à l'aise : il avait rougi en lui adressant la parole, et il avait un peu bafouillé.

10

Le film n'avait pas tenu toutes ses promesses, malgré une affiche alléchante, mais Marjorie avait apprécié ces moments passés dans la quiétude de la salle, la tête posée sur l'épaule de Nicolas. Ils étaient ensuite allés boire un verre dans un de nombreux cafés de la rue d'en dessous.

Plusieurs personnes étaient venues saluer Nicolas. Marjorie avait été un peu plus étonnée encore, découvrant cette notoriété indéniable : tout le monde le connaissait, et il connaissait tout le monde. Ouvriers, bureaucrates, notables, employés de la ville, journalistes, artistes, Nicolas discutait avec tout le monde, s'adaptant vraisemblablement aux uns comme aux autres.

Elle apprécia sa sociabilité : « Et moi qui croyais qu'il ne vivait que par et pour les femmes ! » Rares étaient celles qui s'étaient approchées, à moins d'être déjà accompagnées. Marjorie avait surpris néanmoins, quasiment chez toutes, ce regard qui semblait vouloir dire : c'est un homme comme lui, qu'il me faudrait…

Mais elle ne s'en offusqua pas, trouvant au contraire plutôt réconfortant de se savoir au bras d'un des meilleurs partis du coin. Car c'était bien de cela qu'il s'agissait : Nicolas était un homme bien en vue. Ni trop jeune, ni trop vieux, bel homme, soigné, avec juste ce qu'il faut de maintien pour tenir une conversation avec n'importe qui, quel que soit le sujet. Il avait également de l'argent et une société, ce qui ne gâchait rien. Même si, c'était clair, Marjorie ne savait pas si elle pourrait longtemps le garder : de ce qu'elle savait de lui, les filles se succédaient à un rythme plutôt soutenu. Karine, Valérie, et sans doute bien d'autres, en étaient l'exemple. Elle avait néanmoins décidé de vivre cette idylle sans partir perdante. Cela durerait le temps que ça pourrait durer. Tout au moins, c'est ce qu'elle avait essayé de se dire : qui sait si d'ici quelques jours, Nicolas n'aurait pas trouvé une autre femme à conquérir…

Elle se doutait qu'il n'aurait que l'embarras du choix !

Marjorie se rendit vite compte aussi que sortir avec Nicolas n'était pas une mince affaire. À l'heure du déjeuner le lundi, il était clair que la majorité des salariés de l'entreprise étaient au courant. Quelqu'un avait dû les voir ensemble la veille. Marjorie avait vu arriver quelques salariés, même ceux qu'elle ne connaissait pas encore, juste pour la saluer ou échanger quelques mots avec elle. Valérie avait mis les choses au clair quelques minutes après, sans y aller par quatre chemins :

« Bonjour, mes félicitations ! Dis-donc, t'as été drôlement rapide !
Marjorie avait rougi, mais sans prendre la mouche : elle aurait dû s'y attendre.
— Alors, on ne voit plus que vous, en ville ? Enfin, chacune son tour, hein ? »

Valérie était repartie aussitôt, laissant Marjorie digérer ses paroles, tandis que deux autres employées tentaient de la rassurer : « Ne l'écoute pas, elle est jalouse » lui chuchota Anne-Marie à l'oreille, pendant que Claire, qui n'avait pas tout entendu, hochait la tête en signe de total assentiment.

Nicolas était venu la rejoindre quelques instants après, visiblement irrité : « Ce n'est pas possible ! On croirait vraiment qu'ils n'ont rien à faire... Je me demande si je ne vais pas aller faire un peu le ménage là-dedans !, lâcha-t-il comme pour lui-même, embrassant Marjorie distraitement.

— Qu'est-ce qui ne va pas ?

— Rien... C'est juste que j'en ai assez d'alimenter les potins de cette basse-cour ! Viens, on va aller manger ailleurs ! »

Impératif, Nicolas avait pris Marjorie par le bras pour la sortir du réfectoire. Elle le suivit sans hésiter, bien contente en fin de compte qu'il ait pris l'initiative d'éviter un peu les autres.

Même si son idée n'eut pas forcément l'effet escompté : sans avoir à se retourner, Marjorie devinait les chuchotements et les regards entendus des uns et des autres. Nul doute que dès qu'ils auraient franchi la porte, les ragots allaient courir de plus belle !

Mais Marjorie décida de les ignorer. Après tout, Nicolas et elle s'entendaient bien jusqu'ici, et elle ne dédaignait pas un peu de discrétion. Nicolas l'emmena déjeuner en ville. Dans une petite brasserie un peu éloignée du centre. L'endroit était plus calme et ils purent se restaurer sans trop être dérangés. Au moment de repartir, ils n'eurent toutefois pas la chance d'éviter Albert et son collègue, qui entraient tout juste.

« Ah, salut mon pote ! Alors, on se le boit ce pot ? Demanda Albert à un Nicolas vraisemblablement réticent.

— Je retournais travailler, je n'ai pas le temps, ce sera pour une autre fois…

— Pas question ! Tu peux bien prendre une heure. De toute façon, c'est toi le patron, non ?

— Ce n'est pas une raison ! Et il faut que je ramène Marjorie…

— Tu crois que le patron va lui mettre un avertissement si elle est en retard ?, se moqua encore Albert.

— Tu as gagné. Mais, vite fait alors…

Marjorie reposa son blouson sur le vestiaire. Nicolas y renonça :

« On se sauve dès que possible ! », lui chuchota-t-il avant le la ramener vers une table du fond où s'étaient déjà installés les deux journalistes.

Albert s'empressa de héler un serveur.

« Qu'est-ce que tu bois au fait ? Et ta copine ?

— Pour moi, ce sera une coupe.

— Je prendrai la même chose, répondit Marjorie.

— Deux coupes, et deux pressions, commanda Albert, tandis que Nicolas commençait à discuter avec Henri.

— Alors ? Quand est-ce que tu nous donnes de quoi te faire une bonne promo ? Il y a longtemps qu'on n'a pas parlé de toi. As-tu l'intention de te présenter aux municipales, comme tu l'avais dit il y a quelques mois ?

— Peut-être. Tu sais ce que je pense de la politique actuelle…

— T'as tout à fait raison !, s'immisça Albert. Tu sais quoi ? La dernière fois que j'ai vu le maire, il était encore rond, mais alors, une bonne ! Je te passe les détails...

— Tout le monde sait que Robert a un faible pour la bouteille. Et il n'est plus vraiment dans le coup...

— Oui, mais c'est de pire en pire ! Parce qu'avant, il arrivait quand même à se cacher. Maintenant, il arrive saoul même pour les interviews...

— Tu n'es pas obligé de le dire... glissa Henri un peu gêné.

— C'est la vérité, non ? Je ne vais quand même pas le couvrir !

— Je ne te dis pas de le couvrir, mais tu peux quand même éviter de faire des vagues...

— Henri a raison, rétorqua Nicolas. Et méfie-toi, si tu vas trop loin, il peut t'attaquer pour diffamation.

— Tu parles ! Le fait est trop connu. Personne n'irait dire le contraire, assura Albert, suffisant, avant de descendre son verre de bière. Bon, en attendant, on en remet une ?

— Laisse, je te l'offre », lâcha Nicolas, qui se leva pour rejoindre le bar.

C'est le moment que choisit Albert pour se rapprocher un peu de Marjorie, qui avait suivi la conversation sans y prendre part.

« Alors, et vous ? Vous en pensez quoi de notre maire ?

— Désolée, mais je n'ai pas encore eu le plaisir de faire sa connaissance...

— C'est pas un drame, vous savez, en fait, mieux vaut ne pas le connaître ! Mais, au fait, et vous, vous faites quoi par ici ? Je ne vous avais jamais vue avant l'autre jour...

— Je viens d'arriver. Je travaille pour Nicolas.

— Vous êtes sa nouvelle secrétaire ?

— Non, je suis technicien en informatique, répondit Marjorie légèrement vexée.

— Ouah ! Il est drôlement bien tombé, le Nicolas, d'habitude...

— Tu ne peux pas la laisser un peu tranquille ?, intervint Henri qui flairait les embrouilles.

— J'ai le droit de discuter, non ? Alors, mademoiselle, je peux vous appeler Marjorie ? Alors, Marjorie, continua-t-il sans attendre la réponse, comme ça, tu arrives et paf, tu te retrouves fiancée de ton patron ? Dis-moi, ça serait pas un peu calculé, tout ça ?

— Qu'est-ce qui serait calculé ? Coupa Nicolas qui revenait tout juste.

— Rien ! En fait... tout est toujours un peu calculé ? Tu ne crois pas ? »

Albert s'était tourné vers Nicolas, réduisant Marjorie au silence, même si elle commençait à s'énerver sérieusement. Nicolas dut s'apercevoir que quelque chose n'allait pas.

« Je n'en sais rien marmonna-t-il, pour répondre à la question d'Albert. Dans les affaires, sans doute, et je suis bien placé pour le savoir... Mais en tout, il y a l'impondérable, ce que personne ne peut prévoir, les hasards, les concours de circonstances, qui sont parfois plus ou moins heureux...

— Là, je suis d'accord avec toi, coupa Henri. Tiens, moi, même ma naissance n'était pas calculée : ma mère avait pris toutes les précautions pour ne pas avoir d'enfant, et pourtant, je suis bien là, alors…

— On le sait que t'es un enfant non désiré, mais tu ne vas pas nous la ressortir à chaque fois ! Tu nous les gonfles avec tes histoires ! Finis donc ta bière, intima Albert à son collègue visiblement vexé.

— Je disais ça comme ça, se défendit le dénommé Henri. Et puis de toute façon, ma mère s'en est vite accommodée. Il ne faut pas tout confondre…

— De toute façon, je n'ai jamais vu une femme renier son propre enfant, on porte ça en nous : toutes les femmes veulent des enfants, affirma Marjorie, qui vit pâlir Nicolas à ses propos.

— Bon, si on y allait ?, s'empressa-t-il en se levant de sa chaise.

— Déjà ? Mais tu viens juste d'arriver ! insista Albert.

— Je t'ai dit que je n'avais pas le temps. Salut. Salut Henri !

— Salut Nicolas, à un de ces jours. Au revoir Marjorie.

— Au revoir, répondit la jeune femme, que Nicolas entraînait vers la sortie.

— Et pas de folies, hein ! » conclut Albert avec un clin d'œil entendu, achevant ainsi de mettre tout le monde de mauvaise humeur.

Cali Graff

11

Marjorie s'étira quelques instants avant de quitter le lit. Sept heures : elle avait encore un peu de temps avant de se préparer. La semaine précédente avait été harassante. Entre le travail et Nicolas, elle ne s'était guère ménagée… Et tout allait si vite. Nicolas l'avait fait entrer dans son «cercle». Si large qu'ils n'avaient guère eu d'intimité. « Et encore ! Tu n'as rien vu, là ! », lui avait confié son compagnon. Partout où ils allaient, ils rencontraient tel ou telle, qui ne manquait pas de les arrêter, au moins quelques instants. Non que cela déplût à Marjorie, mais elle n'avait pas l'habitude.

Avec Alex, elle ne fréquentait pas grand monde. Et surtout pas le «beau monde », comme c'était le cas avec Nicolas. Elle concevait bien qu'en tant que chef d'entreprise, il dût s'assurer quelques relations, mais à ce point-là… Elle avait tellement vu défiler de têtes, qu'elle était incapable de retenir le dixième des noms entendus. À part quelques-uns, comme Albert et Henri, le préfet, la députée ou quelques autres édiles qu'elle avait rencontrés à plusieurs reprises, les «fréquentations » de Nicolas restaient pour elle des inconnus.

Fascinée les premiers jours, elle commençait à trouver la notoriété de Nicolas déstabilisante. Et à double tranchant. Pas moyen de faire trois pas en ville sans saluer untel ou discuter avec tel autre, pas moyen non plus pour elle de s'éclipser : du moment où l'interlocuteur la savait avec Nicolas, elle était automatiquement mêlée à la conversation, bon gré mal gré.

Bien sûr, ça avait été, dans la plupart des cas, plutôt valorisant. Mais l'overdose guettait Marjorie qui avait par ailleurs bien du mal à encaisser les sarcasmes de ses collègues et des gens qu'ils rencontraient.

Après Valérie, il y avait eu Albert, et quelques autres, même si certains restaient plus discrets. Marjorie avait surpris plusieurs regards en coin et messes basses. Elle était de plus en plus mal à l'aise. Nicolas, lui, n'avait pas paru s'en soucier outre mesure. Mais c'était à chaque fois pareil : Quand elle était entrée dans la salle de pause le vendredi, elle avait senti plusieurs paires d'yeux se poser sur elle et les conversations baisser d'un ton. Il était clair que Nicolas et elle faisaient jaser.

« Pourquoi ? », s'interrogeait-elle. Etait-ce dû au fait qu'elle venait d'arriver ? Qu'elle n'était pas de la région ? Que leur relation avait débuté trop tôt ? Trop tôt après la rupture de Nicolas avec Karine ? Ou peut-être, n'était-elle pas le « genre » de fille habituel de Nicolas ? Pas assez prétentieuse ? Pas assez affirmée ? Pas assez sûre d'elle à le suivre partout et à le laisser la « promener » comme il le faisait depuis une semaine ?

Marjorie commençait à se tourmenter sérieusement. « Et si j'arrêtais tout de suite ? Après tout, il n'est pas forcément amoureux de moi… Et si ça ne doit pas durer, je ne vais pas me forcer à supporter ces regards en dessous plus longtemps. Ce sont peut-être eux qui ont raison… Je n'ai peut-être déjà plus rien à faire avec lui… Qui sait, d'ailleurs, s'il n'a pas déjà une remplaçante ? Comme cette

Stéphanie, par exemple. Elle le dévore des yeux … »

Marjorie avait fait la connaissance de Stéphanie Mélamant, la députée. Une belle femme, à vrai dire. Mais qu'elle avait tout de suite trouvée un peu extravagante. À plusieurs reprises, la semaine précédente, Nicolas lui avait «fait la conversation ». Il faut dire que le rang et l'activité de l'une et l'autre ne pouvaient que multiplier les occasions de contact. Et, en politique, ils arrivaient malgré quelques légères discordances à s'entendre sur le principal, ce qui n'était déjà pas si mal. Ça les rapprochait aussi. Marjorie, très peu portée sur ce genre de débats, avait dès le départ décidé de se tenir à l'écart de leurs discussions.

C'était peut-être son tort : le technicien avait observé Stéphanie discrètement. En fait, il lui semblait que la députée prenait tous les prétextes possibles pour se rapprocher de Nicolas. Elle lui posait la main sur le bras à tout va, le gratifiait d'une tape sur l'épaule aussi souvent et restait les yeux rivés aux siens plus souvent encore, trop, comme tentant de monopoliser la conversation –et l'homme- aussi longtemps qu'elle le pouvait. Du moins, c'est ce que Marjorie ressentait. Et bien qu'elle s'en voulût d'être aussi jalouse et possessive, la jeune femme ne pouvait ignorer cette «concurrence » plus que potentielle.

Marjorie finit par quitter le lit, un peu morose. « Députée ou pas, Nicolas ou pas, il vaut mieux que j'aille travailler. Ce n'est pas le moment de faire n'importe quoi… »

Elle s'habilla en hâte. Tout à ses pensées, elle avait failli se mettre en retard. Elle partit sans plus attendre. Dehors, l'air était plutôt frais. On était tout de même début décembre et la température avait frôlé les moins dix degrés la nuit précédente. Marjorie frissonna sous son anorak. «Il va falloir que je m'habitue... », songea-t-elle tandis que le portail de l'entreprise se profilait.

Le vigile hocha la tête en guise de salut tandis que Marjorie filait en direction du bâtiment administratif. En bas, l'hôtesse la gratifia d'un aimable sourire avant qu'elle ne s'engouffre dans l'ascenseur.

À l'étage, la plupart des portes étaient fermées. Marjorie ne croisa que la femme de ménage, qui s'en allait. Elle s'enferma dans son bureau, bien aise tout à coup de n'avoir rencontré aucun de ses collègues. Depuis qu'elle sortait avec Nicolas, ce n'était plus pareil. Autant tout le monde se retournait sur son passage, autant aucun ne semblait plus vouloir la considérer comme une employée ordinaire. Elle et Karine, par exemple, ne se parlaient plus vraiment, sauf pour échanger un minimum de politesses. Karine l'avait prise en grippe quand elle avait su que Nicolas l'avait quittée pour elle.

Même en admettant qu'elle aurait sans doute réagi pareil, Marjorie culpabilisait un peu, surtout maintenant qu'elle ne savait plus si ça devait durer ou non. En même temps, elle songeait qu'une éventuelle rupture pourrait les réconcilier, elle et Karine. Et la remettre à sa place aux yeux des autres. Nicolas, après tout, était peut-être ce Don

Juan que tout le monde voyait en lui, même si elle n'avait pas voulu le croire ?

Marjorie se mit au travail difficilement : «Dommage que maman soit si loin. Elle, au moins, me dirait quoi faire… », songea-t-elle. La jeune femme se rendit compte que Paris commençait à lui manquer. Même sans Alex. Aussi indépendante qu'elle soit restée, Marjorie avait toujours été très proche de sa mère. Dès l'adolescence, elle l'avait prise pour confidente. Et elle avait toujours apprécié que sa mère garde tous ses petits secrets, la réconforte quand ça n'allait pas, la conseille quand elle ne savait plus quoi faire.

« Maman… » Marjorie lui avait écrit une fois depuis qu'elle était arrivée. Mais c'était avant qu'elle sorte avec Nicolas. « Il faut que je lui téléphone…J'essaierai pendant midi… »
Forte de ces résolutions, elle se dépêcha de fermer le fichier qu'elle venait de créer pour aller prendre un café.

Dans la salle de pause, il n'y avait pas beaucoup de monde. Eric l'appela à sa table. Elle ne l'avait pas revu depuis le concert.
« Alors, ça boume ? Je t'offre un café ?, proposa-t-il en l'embrassant sur la joue.
— Volontiers, j'ai bien du mal à tenir debout, ce matin…
— C'est Nicolas qui te met dans un état pareil ? Il t'a encore fait courir tout le week-end, au moins ? Je vais lui dire, moi, qu'on ne traite pas une aussi jolie femme comme ça. Ah ! Il ne sait vraiment pas

s'y prendre… Si c'était moi… »

Marjorie répondit à Eric par un sourire un peu crispé.

« Et toi, comment vas-tu ?, éluda-t-elle.

— Bof ! Tu sais, moi, ça va ça vient…

— Et cette fille que tu as rencontrée au concert ?

— Rien d'important. Mais parlons plutôt de toi. Alors, c'est le grand amour à ce qu'on dit. On ne parle que de vous par ici…

— Il ne faut pas croire tout ce qu'on raconte ! Nicolas et moi, on sort ensemble, rien de plus…

— Vraiment ? Je croyais que c'était plus sérieux. Alors, il me reste peut-être une chance ? »

Eric avait posé sa main sur celle de Marjorie et cherchait dans ses yeux la réponse à sa question. Marjorie ne savait pas trop quoi lui dire :

« Tu sais, je préfère ne pas te laisser de faux espoirs…

— Suis-je si affreux ?, se lamenta-t-il mi-figue, mi-raisin.

— Ce n'est pas ce que je veux dire. Je t'assure que tu es très… mignon. Mais, on est amis. Non ?

— D'accord… mais je n'ai pas dit mon dernier mot, lui souffla-t-il à l'oreille avant de lâcher sa main.

— Quel tableau attendrissant ! Comme vous êtes trognon, tous les deux ! »

Marjorie esquissa un mouvement de recul tandis qu'Eric tentait de cacher son trouble en agrippant sa tasse de café.

« Bonjour, Valérie, tu vas bien ? marmonna-t-il.

— C'est à vous qu'il faut demander ça…

— Je ne vois pas ce que tu veux dire, tenta Marjorie, qui rougit malgré elle.

— Ah, oui ! C'est vrai ! Tout le monde sait que je me fais toujours des idées. Pourtant…

— Pourtant quoi ? »

La voix d'Eric avait changé tout d'un coup. Elle avait réussi à le mettre en colère.

Marjorie nota les traits durcis de son visage. Il défiait Valérie du regard et semblait prêt à l'étriper si elle prononçait un mot de trop.

« Rien… rien, excusez-moi il y a quelqu'un là-bas que je dois voir, se défila Valérie en leur tournant le dos.

— Nous voilà bien ! Cette peste va encore me créer des problèmes…

— Qu'est-ce que tu veux dire ?

— Il est clair qu'elle va aller tout raconter à Nicolas !

— Il n'y a rien à raconter…

— Tu parles ! Valérie arrive toujours à trouver quelque chose, du moment qu'elle peut semer la zizanie ! »

Eric semblait vraiment en colère. Marjorie tenta de le rassurer :

« Ne t'inquiète pas, je parlerai à Nicolas.

— Qu'est-ce que tu comptes lui dire ?

— De tout de façon, j'avais l'intention de rompre…

— Quoi ? Ça ne va pas ? Aïe, aïe, aïe ! »

Eric avait plongé sa tête dans ses deux mains et marmonnait, visiblement anxieux.

« Je t'assure que ça va aller ! Ne te mets pas dans des états pareils, tu n'y es pour rien…

— Va expliquer ça à Valérie, ou à Nicolas maintenant !

— Nicolas a bien d'autres choses à faire que de

savoir si tu y es pour quelque chose…

— Pourquoi dis-tu ça ?

— Parce que. Si ce n'est pas moi qui m'en vais, c'est lui qui cassera.

— Il a quelqu'un d'autre ?

— J'en ai l'impression…

— Qui c'est ?

— Je préfère ne rien dire.

— Comme tu veux… Mais si tu arrives à éviter que je me fasse étrangler…

— Allez, ça va bien se passer !

— Qu'est-ce qui va bien se passer ? »

Nicolas venait justement d'arriver derrière elle. Valérie le suivait. Le sang avait comme quitté le visage d'Eric. Il se leva précipitamment et bafouilla quelques vagues excuses avant de tourner les talons. Marjorie laissa Nicolas s'installer sur la chaise laissée libre par Eric, tandis que Valérie s'imposait :

« Ça ne vous ennuie pas si je prends un café avec vous ?, minauda-t-elle.

— Je t'en prie, assieds-toi » répondit Nicolas poliment.

Marjorie la fusilla du regard tandis qu'elle s'asseyait en face d'elle.

« Alors, qu'est-ce qui se passe, qu'est-ce qui ne va pas ? reprit Nicolas.

— Rien. Enfin si. Mais on verra ça plus tard, si tu veux bien, tenta Marjorie qui n'avait pas envie de parler devant Valérie.

— Toi, tu me caches quelque chose ?

— Elle en a bien l'air, renchérit Valérie mielleuse.

— Mêle-toi donc de tes affaires ! »

Marjorie n'avait pas pu se contenir. Et Nicolas

tiqua. Il fronça les sourcils, tandis que Valérie, à son tour, jugea préférable de s'éclipser :

« Bon courage, hein ! Tu en auras bien besoin…. »

Elle avait prononcé les derniers mots de loin, juste assez fort pour que tout le monde les entende, avant de se ruer dans le couloir.

« Bon, alors, qu'est-ce qui ne va pas ? », reprit Nicolas.

Dans la salle, les conversations avaient baissé d'un ton et sans se retourner, Nicolas savait que les autres étaient à l'affût, mais Marjorie avait l'air trop mal à l'aise pour qu'il en reste là.

La jeune femme ne savait pas par où commencer et cherchait le moyen de le calmer un peu. Un muscle battait sur la joue de Nicolas et ses yeux semblaient s'assombrir à chaque seconde. Elle baissa les paupières pour ne plus les affronter. Le moins fort possible, elle se décida enfin :

« Il y a que toi et moi, ça ne peut plus marcher…

— Qu'est-ce que tu dis ?, grinça Nicolas.

— J'en ai assez de voir Stéphanie te tourner autour. Alors plutôt que d'essayer de me ménager, va donc la rejoindre, je ne t'en voudrai pas. De toute façon, c'était couru d'avance… »

Marjorie avait tout dit d'un coup, le plus vite possible pour ne pas qu'il l'interrompe. Elle n'osa pas relever les yeux quand Nicolas se leva brusquement de sa chaise. Elle s'attendait à ce qu'il fasse une scène et commençait à paniquer. Surprise, elle l'entendit reprendre vivement son blouson sur le dossier de sa chaise et s'éloigner à grands pas, sans un mot. Les conversations reprirent de la voix, tandis qu'à son tour, penaude, elle osa quitter la salle.

Le reste de la journée fut difficile pour Marjorie. De peur de rencontrer Nicolas ou d'entendre parler de leur rupture, elle ne sortit même pas pour déjeuner. Heureusement, personne n'eut besoin d'elle de la journée. Elle s'occupa à finir ses installations et à purger son disque dur encombré par ses prédécesseurs.

Pendant la pause déjeuner, elle avait appelé sa mère. Cette voix au bout du fil, si lointaine et en même temps si proche pour elle, lui avait mis un peu de baume au cœur.

Sa mère s'était vite rendue compte que quelque chose n'allait pas. Marjorie lui avait tout raconté de ses déboires sentimentaux, en résumé.

« Tu as bien fait de le laisser tomber ! Tu sais, les hommes sérieux, ça ne court pas les rues. Je suis sûre qu'il t'aurait encore fait souffrir…

— Je n'en sais rien, maman. Mais de toute façon, Stéphanie a bien trop l'avantage sur moi pour que j'essaie de le garder…

— Ne te sous-estime donc pas toujours comme ça ! Tu as vu ce que ça a donné avec Alex ! Il n'y avait plus que lui qui comptait…

— Je sais… Enfin, voilà, tu sais tout. Mais, ne t'inquiète pas, maman. Au moins j'ai du travail et quelques amis, ici. Actuellement, je loge encore à l'hôtel, mais je vais tâcher de trouver un appartement pour le mois prochain. Ça me coûtera moins cher et au moins, j'aurai l'impression d'être un peu chez moi…

— Tu as raison, mais ma chérie, surtout, donne moi de tes nouvelles. Tu sais, ton père commençait à s'inquiéter ! Et moi aussi !

— Promis. Je te tiens au courant. Je vous embrasse. À bientôt.»

Cali Graff

12

Marjorie avait rejoint sa chambre sitôt sortie de son travail. À l'hôtel, elle se sentit plus en sécurité. Et elle n'avait envie de voir personne. Ni d'entendre jaser sur ses déboires sentimentaux.

De tout cœur, elle avait espéré que Valérie ne soit pas allée mettre son grain de sel : ses rapports avec Nicolas s'étaient assez détériorés comme ça, et malgré tout, il restait son patron.

Elle avait aussi peur pour Eric, qui vraisemblablement connaissait Nicolas de longue date. Et craignait de payer les pots cassés.

Après avoir pris une douche, Marjorie était sortie dîner : un américain à la friterie toute proche avait comblé l'estomac de la jeune femme, qui criait famine depuis des heures.

Elle était ensuite allée se promener un peu dans le centre-ville. Il faisait nuit noire depuis longtemps et elle risquait moins de se retrouver face à face avec des gens qu'elle ne souhaitait pas voir : emmitouflée dans son anorak, une écharpe sur le nez, ses longs cheveux cachés sous un bonnet de laine, elle devenait méconnaissable dans la pénombre.

La jeune femme marcha pendant plus d'une heure, s'arrêtant devant les vitrines qui avaient pris un air de fête. Noël approchait à grands pas. Et, pour une fois, elle ne passerait pas les fêtes en famille : elle avait déjà demandé une avance sur son salaire, elle n'oserait pas demander de congé anticipé.

Mentalement, elle tenta de faire une liste des

achats qui l'attendaient : pour sa mère, elle achèterait une de ces tapisseries, fleuron de la ville voisine. Une toute petite, bien sûr ! Elle avait feuilleté des catalogues à l'hôtel et ça ferait tout à fait l'affaire. Sa mère adorait ce genre de créations.
Pour son père, elle cherchait encore : ce briquet de table en forme de sanglier ? Ce porte-documents en cuir ? Ce pull-over en laine ?…

« Il est superbe… »

Marjorie se retourna en riant : Eric venait de lui souffler la réponse à l'oreille et souriait de toutes ses dents à son reflet, dans la vitrine.

« Décidément, on ne peut plus sortir tranquille !, dit-elle au reflet en se campant, les mains sur les hanches, avec un air faussement agacé.
— Comme tu dis ! Tu ne me lâcheras pas facilement… accorda Eric en lui prenant la main. Mais, tu sais, je peux faire un bon chaperon ! Tu ne devrais pas te promener toute seule comme ça, le soir…
— Habillée comme je le suis, je ne risque rien, s'esclaffa-t-elle.
— Détrompe-toi, tu es encore plus jolie », susurra Eric en l'entraînant dans les rues pavées.

Le jeune homme s'avéra être un guide éclairé : régional de souche, il connaissait nombre de détails sur tel bâtiment, d'anecdotes sur l'histoire de ce quartier du centre-ville :

« Sais-tu pourquoi la ville porte ce nom ? »

Devant l'ignorance de Marjorie, il avait récité tout ce qu'il avait pu sur Charles Montelieu, fondateur de la ville, vanté la place du Duc et son architecture, désigné la fontaine et le Mont-Dieu tout proche, joyaux de la ville, avant de parler de la fusion de 1975 et des conséquences que cela avait eu sur le commerce et l'industrie du chef-lieu : « Malgré que la ville soit plus forte, les frontaliers nous regardent encore de haut : pour eux, nous ne sommes toujours que des campagnards, pauvres en plus ! »

Eric avait l'air de prendre à cœur la défense de la ville préfecture, voire de son département. Cela fit sourire Marjorie, qui pensait que seuls les anciens pouvaient encore avoir ce genre de mentalité, à la limite du chauvinisme. « Tu trouves ça idiot ? lui avait-il demandé.

— Bien au contraire ! C'est que tu aimes cette ville.

— Bien sûr que je l'aime ! C'est chouette ici ! Même si le travail fait défaut.

— À ce point ?

— Oui, et c'est pour ça que beaucoup de jeunes s'en vont… À Paris, à Lille ou à Reims ! Même au niveau universitaire, le département n'est pas compétitif, tout ce que tu peux apprendre ici, ce sont des bases mais si tu veux aller loin, tu es obligé d'aller voir ailleurs. Le textile a passé son heure de gloire, la fonderie et la briquèterie aussi. Quant aux nouvelles technologies, le département balbutie encore…

— Et toi, comment as-tu fait ?

— Je suis parti à Lille, le temps de mes études. Je ne regrette pas, il le fallait, mais je suis bien content d'être revenu m'installer ici…Pourtant, j'ai perdu quelques amis en route : Paris est si attractif ! Certains sont restés à Reims, aussi. On se voit encore de temps en temps, mais ce n'est plus pareil : ils ont attrapé la grosse tête !

— Tu exagères ?

— Non. C'est comme si, pour eux, le département n'avait aucun avenir, aucune chance de tirer leur épingle du jeu !

— Et toi, tu y crois ?

— Bien sûr ! Nous sommes quand même bien placés dans la course pour l'Europe ! Certaines industries restent performantes et le tourisme à une bonne carte à jouer, il y a longtemps que les édiles pensent à ce fameux tourisme vert... C'est au niveau du commerce qu'il y a fort à faire !

— Tu parles d'ouvrir les magasins le dimanche ?

— Tout à fait ! Il y a longtemps que les Belges ont compris !

— Ce n'est pas si évident...

— Non, mais c'est une idée à développer. Et puis, ce pourrait être générateur d'emplois.

— Tu sais que tu devrais faire de la politique ?

Eric éclata de rire.

— Moi ? Tu rigoles ? J'ai bien autre chose à faire ! Comme... de t'offrir un verre », ajouta-t-il en l'entraînant dans un des cafés restés ouverts.

Le bar de «La fontaine de jouvence » était encore fort fréquenté. Tandis qu'Eric se dirigeait vers le comptoir pour commander, Marjorie s'installa devant une des premières tables avant de faire le tour de la salle du regard. Les lumières, faibles, fondues dans le bleu du décor rendaient l'atmosphère très intimiste. Trois hommes discutaient bas, juchés sur les grands tabourets au Skaï râpé, face au bar. Un couple d'un âge avancé finissait de dîner dans un coin. Une des tables était occupée par quatre hommes encore en costume de ville : des commerciaux ou des hommes d'affaires prenant un dernier verre. En face de Marjorie, un jeune couple s'embrassait devant une bouteille de Champagne. Des fiançailles ?

« Il y en a un qui a de la chance !, chuchota Eric en s'asseyant près de Marjorie. Lui aussi avait vu le couple d'amoureux.

— Elle est jolie, accorda Marjorie.

— Ce n'est pas ce que je voulais dire, se reprit Eric. Moi aussi, j'ai de la chance en fin de compte…

— C'est un compliment ? »

En guise de réponse, Eric se pencha sur le visage de Marjorie et déposa un léger baiser sur sa bouche. Elle ne le repoussa pas et lui répondit par un sourire avant de prendre le verre qu'il lui tendait. Elle se sentait détendue, avec lui. Rien à voir avec la tension qu'elle avait ressenti à chaque fois qu'elle avait vu Nicolas.

« Je me demande où il est à cette heure-ci…

— Qui ?, la questionna Eric, lui révélant qu'elle avait pensé tout haut.

— Je pensais à Nicolas…

— Encore lui ! Tu ne peux pas l'oublier un peu ? À moins que ce ne soit pas tout à fait terminé entre vous ?

— Si ! S'empressa Marjorie. »

Un peu trop, d'ailleurs. Eric était vexé, cela se voyait.

Devant son air contrit, Marjorie ne résista pas. Elle lui prit la main et lui offrit ses lèvres. Eric ne se fit pas prier et réclama un baiser, un vrai cette fois.

Marjorie n'avait pas le cœur à le lui refuser. Eric était loin de la rebuter, de toute façon. Elle ne protesta pas non plus quand il voulut sortir du café et l'invita à finir la soirée chez lui.

13

Eric avait un appartement dans le centre de la ville. Juste en face de l'hôtel de ville. Dans la pénombre, elle ne distingua pas grand-chose du bâtiment, mais elle se souvenait être déjà passée par là, quand ils étaient allés au concert au parc des expositions. Tout juste descendue de voiture, elle eut néanmoins tout le loisir d'admirer, juste en face, le beffroi de l'hôtel de ville, un peu plus éclairé. Sur la place, la taverne du coin était encore ouverte et Marjorie se retourna sur quelques éclats de voix.

« Tu ne peux pas savoir comme c'est énervant, le soir ! » se plaignit Eric. Elle hocha la tête, imaginant le jeune homme dans son lit, essayant de dormir malgré le bruit.

« Je m'en doute ! » compatit-t-elle, tandis qu'Eric l'entraînait sous le porche tout proche. La rangée de boîte aux lettres la renseigna tout de suite : « Vous n'êtes que quatre dans ce grand bâtiment ?, s'étonna-t-elle.

— Tu vas voir, les pièces sont grandes ! Certainement rien à voir avec ta chambre d'hôtel, se moqua-t-il gentiment.

— Ça, c'est sûr !, consentit Marjorie en faisant la moue, faussement froissée.

— Allez, va, tout le monde ne peut pas habiter ici !, se rengorgea Eric, profitant de son étonnement pour déposer un nouveau baiser sur ses lèvres entrouvertes, tandis qu'il poussait la porte de son appartement.

— Un peu de sérieux, jeune homme !, l'arrêta-t-elle en riant. Et si tu me faisais visiter ? »

L'appartement d'Eric était très bien meublé. Moderne. Propre. Eric entraîna Marjorie dans le salon. Au-dessus d'un canapé trois places en cuir marron, de grandes étagères étaient remplies de livres :

« Je ne te savais pas si cultivé !, confessa-t-elle.

— Qu'est ce que tu crois ?, protesta-t-il en bombant le torse.

— Je peux jeter un coup d'œil ?

— Une autre fois, si tu veux, mais je ne t'ai pas invitée pour une soirée lecture !

— Excuse-moi. Alors, on le boit ce verre ?

— Assieds-toi, j'arrive tout de suite ».

Pendant qu'Eric s'affairait dans la cuisine, Marjorie fit le tour des rangées de livres : Zola, Maupassant, Claudel, King, Platon, Pascal, Modiano, Coelho, etc…

« Eh bien, il y a de quoi s'occuper… », chuchota-t-elle, tandis que son regard s'arrêtait sur une série de gros volumes reliés : « Rimbaud, Rimbaud et Verlaine, Rimbaud à Harar, Rimbaud et Isabelle, Rimbaud et Izambard, Rimbaud… »

— Ça t'intéresse ?, demanda Eric, qui revenait avec une bouteille de Saumur et deux coupes.

— La mère de Nicolas…

— Tu ne peux pas arrêter de parler de lui ?

— Je te parle de sa mère…

— C'est pareil, je t'assure que c'est énervant !

— Ne te mets donc pas en colère. Promis, je ne prononce plus son prénom de la soirée !

— J'aime mieux ça, accorda Eric en s'asseyant. Tu veux qu'on passe un dvd ?

— Qu'est-ce que tu as ?

— Regarde… », l'invita-t-il en lui montrant sa collection.

Marjorie s'exécuta, tandis qu'Eric remplissait les verres.

Ils se mirent d'accord sur un vieux film, avec Gabin en acteur principal. Eric éteignit le lustre et alluma la lampe de salon, qui rendit l'atmosphère plus chaude et plus intime.

Marjorie se laissa aller à poser sa tête sur l'épaule du jeune homme, qui venait de passer son bras dans son dos.

Décidément, elle se sentait bien avec lui. En confiance. Et puis, Eric ne semblait pas trop vouloir précipiter les choses, même s'il était clair qu'il n'était pas sans arrière-pensée. Elle sentait comme de la tendresse à son contact. Quelque chose qui lui réchauffait le cœur, qui l'apaisait. Loin des étreintes passionnées de Nicolas…

Eric semblait bien aussi. À la dérobée, elle l'avait observé à plusieurs reprises : ses yeux étaient plus doux que ceux de Nicolas, le sourcil moins agressif, les lèvres plus tendres…

« Allez, il serait peut-être temps d'aller se coucher… Je te ramène ? », proposa Eric dès les premières lignes du générique sur l'écran.

Elle se sentit flattée par cette attention : Eric semblait aussi savoir être patient. Il la reconduisit jusqu'à son hôtel et déposa un léger baiser sur sa bouche avant de s'éclipser. Marjorie s'engouffra au plus vite dans ses draps et s'endormit sans peine.

Cali Graff

14

Marjorie n'avait vu personne du week-end. Eric était parti chez ses parents pour une semaine, Nicolas était resté muet. Marjorie en avait déduit qu'elle avait vu juste : sinon, pourquoi serait-il parti, comme ça, sans répondre ? En fin de compte, elle était heureuse d'avoir eu l'initiative de la rupture… Comme avec Alex. Elle appréhendait néanmoins de reprendre le travail et de se retrouver en face de son patron. Leurs rapports professionnels risquaient d'être tendus. Par contre, elle était heureuse d'avoir trouvé un appartement : le samedi après-midi, elle avait visité un F2 qui lui convenait. Elle allait enfin pouvoir s'aménager un endroit bien à elle. Les propriétaires l'avaient chaleureusement accueillie et semblaient d'accord pour qu'elle occupe ce logement qui venait tout juste d'être libéré. En plein centre-ville, l'appartement en question avait tout pour lui plaire. Petit mais propre, il occupait une partie de l'étage, juste au-dessus d'une boulangerie. Les précédents occupants l'avaient enrichi d'une petite cuisine équipée. Les propriétaires s'étaient proposés de lui prêter un peu de mobilier en attendant qu'elle s'en achète, bref, c'était parfait.

Elle pourrait emménager la semaine suivante. Marjorie songea à rappeler sa mère : elle voulait lui annoncer la bonne nouvelle ! Elle allait aussi devoir lui emprunter de l'argent. Son premier salaire ne suffirait pas à régler le loyer, la caution… et les quelques babioles qu'elle avait envie d'acheter.

Marjorie y avait songé tout le dimanche. Il lui

fallait quand même certaines choses, et elle préférait demander de l'aide à sa mère plutôt que de garder trop longtemps le mobilier des propriétaires. Et puis, ils ne lui prêteraient ni linge de maison, ni vaisselle, pas même la télévision : l'avant-dernier locataire était parti en emmenant le poste.

Marjorie prévint la réception de l'hôtel en descendant : la chambre serait libre sous peu. Sortie plus tôt que d'habitude, elle eut le temps d'aller flâner un peu. Presque malgré elle, elle franchit bientôt les portes du Buffet de la gare. C'est là qu'elle avait rencontré Nicolas. C'est là que tout avait commencé. Elle commanda un café et emprunta le journal du jour, qui traînait sur le zinc. Beaucoup de choses avaient changé en si peu de temps ! Marjorie se sentait un peu dépassée. Même si le bilan était positif : elle avait du travail, un logement, des amis... ou tout au moins quelques connaissances qui lui permettaient de se sentir moins isolée, si loin de sa famille. Dommage que côté cœur ça ne se soit pas arrangé.

Quoique : Eric et elle s'étaient rapprochés et leur relation semblait partir sur des bases saines, ce qui ne lui était pas arrivé depuis longtemps.
La jeune femme feuilletait le journal sans vraiment le lire. Un titre l'arrêta cependant. Elle le relut plusieurs fois. Pour mieux s'assurer qu'il parlait bien de Nicolas : « Un homme d'affaires ardennais gravement blessé dans une collision... »
Elle avala son café d'un trait, histoire d'être sûre d'être bien réveillée, avant de lire l'article :
« Hier soir, vers 22 h 30, un spectaculaire

accident a eu lieu sur la route nationale, à l'entrée du pays, juste après la frontière. Quatre véhicules sont entrés en collision pour une raison encore indéterminée. À bord de l'une d'elles se trouvait Nicolas Leverdois, 38 ans, homme d'affaires bien connu. Souffrant de multiples contusions et de plusieurs fractures, il a été transporté au centre du Dr Lhoste, à Reims. Ses jours ne sont pas en danger… »

Marjorie avait lu les derniers mots avec quelque soulagement. Même si elle se posait des questions. Que faisait Nicolas sur cette route à cette heure ? Ce n'était pas dans ses habitudes. Normalement, il se déplaçait en semaine, pas le dimanche soir. Dans quel état était-il ? Comment vivait-il les choses ? Avait-il quelqu'un près de lui pour le rassurer ? Sa mère était-elle au courant ? Est-ce que ça n'allait pas la rendre malade plus encore, elle qui se faisait si souvent du mouron pour lui ? Combien de temps allait-il rester cloué sur un lit ? Ce serait difficile pour un homme tel que lui… Marjorie referma le journal, paya son café et s'empressa de se rendre à son travail. Là-bas, elle aurait peut-être quelques informations.

Dans la cour de l'entreprise, plusieurs employés discutaient. À l'accueil également. Karine leva la tête à son entrée avant de se retourner vers le groupe qui lui parlait. Marjorie n'osa pas les interrompre et monta à l'étage. Elle posa ses affaires et ressortit presque aussitôt pour aller dans la salle de pause. Là, on pourrait peut-être la renseigner.

Pas de chance, la pièce était vide. Marjorie décida de se servir un café. Elle s'installa à une des tables, espérant bien que quelqu'un allait enfin entrer et lui donner des détails.

Son attente fut de courte durée : Valérie, accompagnée de deux autres femmes, fit son entrée au bout de quelques minutes. Voyant Marjorie, elle s'avança aussitôt vers elle :

« Alors, comment va notre technicien ?

— Ça va, et toi ?, répondit Marjorie poliment.

— Bof ! Moi... tu sais... répondit Valérie en tombant les bras. Mais, j'en connais un qui doit aller moins bien encore, lâcha-t-elle.

— Tu parles de qui ?

— Du beau Nicolas, bien sûr ! Tu n'es pas au courant ?

— J'ai lu le journal, mais je n'en sais pas plus.

— Tu imagines, dans l'état qu'il doit être, le pauvre ! Ne plus pouvoir se lever ni rien faire tout seul. Franchement, ça risque de lui mettre un coup, lui qui a l'habitude de faire ce qu'il lui plaît ! Sans compter qu'il a certainement des plaies au visage. Comment va-t-il encore séduire, après ça ? Tu te rends compte, si jamais il garde des cicatrices ? Une grosse balafre au beau milieu de la figure ? Mon Dieu, que c'est horrible !

— C'est toi qui es ignoble ! Je crois qu'il a bien d'autres choses à penser qu'à son charme ! Ça a dû être fort éprouvant. Et il est certainement heureux de s'en sortir si bien. Même s'il doit se promener avec un plâtre et des pansements... Au fait, toi qui sais toujours tout : tu as peut-être des précisions à nous donner ?, osa Marjorie tandis que les deux acolytes de Valérie s'étaient rapprochées.

— Bien sûr ! J'ai téléphoné à l'hôpital ce matin ! Je leur ai fait croire que j'étais une de ses proches…

— Qu'est-ce qu'ils t'ont dit ?

— Qu'il en avait pour quelques semaines d'hôpital. Et qu'il lui faudrait aussi de la rééducation après. Il a une fracture au bras droit. Il s'est aussi cassé deux côtes. Il a également quelques bleus, mais dans l'ensemble, ça va !

— Ça va ? Je voudrais t'y voir ! Et sa mère, elle a été prévenue ?

— C'est moi qui l'ai prévenue ! Elle n'a jamais pu me voir, mais pour une fois, elle était bien contente que je lui donne des nouvelles de son fils chéri… Elle m'a même demandé si je pouvais l'emmener le voir cet après-midi. Tu sais qu'elle n'a pas de voiture ?

— Oui. Tu y vas ? Il reste de la place dans ta voiture ?

— Je croyais que vous aviez rompu ?

— Ce n'est pas une raison. Il a certainement besoin de voir du monde. »

Valérie partait à quatre heures. Marjorie pouvait l'accompagner.

D'autres employés rendraient visite à Nicolas en début d'après-midi. Les autres attendraient le lendemain ou les jours suivants, histoire d'étaler les visites. Une collecte avait été lancée pour lui offrir quelques cadeaux. La «cagnotte» avait circulé toute la matinée entre les services. Karine s'était chargée des achats : elle faisait partie du premier groupe, avec le directeur adjoint et l'autre secrétaire de direction.

Marjorie aurait préféré partir avec eux, mais elle était arrivée trop tard : ils s'étaient décidés dès leur arrivée. Elle aurait dû s'arrêter à l'accueil le matin.

Elle s'était remise au travail en attendant l'heure du départ. Ça lui changeait les idées. D'autant qu'elle appréhendait un peu de retrouver la mère de Nicolas. Les deux femmes ne s'étaient pas revues depuis le jour où elle avait décidé d'aller dormir à l'hôtel.

Mathilde était-elle au courant de son histoire avec Nicolas ? Et de leur rupture ? Certainement, s'était-elle dit : toute la ville le savait, ou presque ! Comment Mathilde avait-elle pris la chose ? Marjorie avait peur qu'elle lui en veuille, en réalité. Elles avaient beau être amies, Marjorie avait «plaqué» Nicolas et elle était bien placée pour savoir que la mère appréciait beaucoup le fils.

« On verra bien » se rassura-t-elle au bout d'un temps. Elle se décida aussi à retourner manger au self : aujourd'hui, au moins, elle ne risquait pas d'y rencontrer Nicolas. Et les autres auraient autre chose à faire que se retourner sur elle. Elle se trouvait lâche, mais elle craignait Nicolas, elle aussi. Comme tout le monde, en fait. Eric, par exemple, malgré l'évident respect qu'il éprouvait pour son patron, avait réellement l'air d'avoir peur de lui. Et même Valérie se sauvait devant Nicolas ! Ou, tout au moins, perdait un peu de son arrogance...

Nicolas forçait à un certain respect, tout simplement. Du coup, Marjorie s'en voulait d'avoir été aussi abrupte, mais en même temps se félicitait d'avoir gardé une certaine franchise… bien qu'elle n'ait pas tout dit de ce qu'elle pensait. À quoi bon ? Elle avait déjà la nausée, rien qu'en songeant à la députée et à la seule idée que Nicolas ait pu la prendre dans ses bras ! Elle détestait cette femme, en fait, depuis qu'elle la tenait pour responsable de leur rupture.

Cali Graff

15

Le trajet jusqu'à l'hôpital où avait été admis Nicolas ne fut pas aisé. Pas à cause des embouteillages : ça roulait plutôt bien. Mais la difficulté était à l'intérieur du véhicule : Mathilde n'ouvrit pas la bouche, Valérie ne se tut réellement qu'une fois le contact coupé. À maintes reprises, sur le trajet, Marjorie avait regardé la mère de Nicolas. Celle-ci était restée obstinément tournée vers la vitre et les paysages qui défilaient à cent trente à l'heure. Valérie posait des questions en y répondant aussitôt elle-même. Marjorie avait bien essayé d'orienter la conversation, en vain. Elle avait finalement dû se résigner à subir le verbiage continu de la conductrice, quitte à attraper la migraine.

Elle fut soulagée quand la voiture s'arrêta enfin sur l'immense parking à moitié vide. Les énormes bâtiments se dressaient maintenant devant elles. Mathilde retrouva la parole et un semblant d'énergie pour emmener les autres vers le bureau des entrées. L'hôtesse nota le bloc, l'étage, le couloir, le numéro de chambre de Nicolas sur un Post-it qu'elle tendit à la maman impatiente.

La chambre 712 était fermée à leur arrivée. « Veuillez patienter, s'il vous plaît, c'est l'heure des pansements, les pria une infirmière.

— Mais, je suis sa mère... » objecta Mathilde, visiblement piquée au vif.

Inflexible, la jeune femme en blouse lui avait

indiqué le petit salon, à quelques mètres à l'opposée: « allez donc vous asseoir là-bas. Si vous voulez, il y a un distributeur de boissons... Je vous préviendrai dès que ce sera terminé. »

Tête basse, Mathilde obtempéra. Valérie offrit le café. Mathilde accepta le gobelet, l'œil rivé à la porte de la chambre de Nicolas, qu'elle apercevait en penchant un peu la tête. Valérie entama une conversation avec une patiente en chemise de nuit. Marjorie opta pour une des revues qui jonchaient la table basse.

Le visage de Mathilde avait perdu toute trace d'inquiétude quand elle réapparut dans la salle d'attente. L'infirmière était venue la chercher un quart d'heure plus tôt. Les jeunes femmes s'étaient forcées à attendre : « La maman d'abord !, avait claironné la femme en blouse.

— Il va bien, les rassura Mathilde. Mais il faut qu'il récupère, alors allez-y une par une. Et pas trop longtemps...

— De toute façon, il ne faut pas traîner si on veut éviter les embouteillages ! J'y vais », lança Valérie.

Marjorie attendit qu'elle ait disparu dans le couloir pour s'adresser à Mathilde.

« Alors ?, questionna-t-elle.

— Ne t'inquiète donc pas comme ça ! Il est entre de bonnes mains. Et puis, ce n'est pas la première fois que je le retrouve sur un lit d'hôpital !

— Ah ?

— Il y a deux ans, déjà, il m'a fait le coup : il venait de rompre avec une femme... »

Marjorie avait pâli. Elle se sentait visée, même si Mathilde n'avait manifesté aucune agressivité.

Elle n'en montra rien, et poursuivit :
— Ah bon ?
— Il est comme ça. Il fait une virée, boit un bon coup… Il a eu de la chance, encore une fois ! Je voudrais bien tenir la responsable. Je lui tordrais le cou… »

Marjorie n'osait plus rien dire. Ainsi Nicolas avait caché leur histoire à sa mère. C'était bien ce qu'il lui avait semblé. Elle ne devait pas compter assez pour qu'il l'officialise ! Et sa mère qui le défendait…

Marjorie entra dans la chambre à son tour. Des paquets embarrassaient la petite table. La télévision était allumée. Une boîte de chocolats, déjà fort entamée, meublait la table de chevet, à côté d'une photo de Mathilde et d'un flacon d'eau de toilette. Nicolas, télécommande à la main, mi-assis dans son lit, la laissa refermer la porte et avancer vers lui sans dire un mot.

« Bonjour, osa-t-elle à peine.
— Ah ! Il ne manquait plus que toi ! »

Le ton qu'il avait employé laissait le doute planer. Etait-il content de la voir ? En avait-il au contraire assez de toutes ces visites ? Elle se pencha pour lui faire la bise, comme un automate, prenant garde en posant une main sur le lit de ne trop s'approcher de ce corps qu'elle connaissait un peu mieux depuis peu.

De son bras valide, Nicolas brisa d'un coup toutes les barrières qu'elle venait de se poser. Il pressa la nuque de Marjorie, lui imposant ses lèvres, attisant en elle les braises de la passion couvée par un baiser dont elle comprit soudain qu'elle allait se souvenir.

Chancelante, elle recula après quelques instants, se soustrayant au pouvoir que Nicolas avait repris sur elle.

« Je n'étais pas venue pour ça, se défendit-elle.

— Je le sais.

— Je sors avec Eric, osa-t-elle faiblement.

— Je suis au courant.

— Alors, pourquoi…

— Comme ça, pour voir. Juste pour voir… »

Une colère sourde naissait en elle. Les intentions de Nicolas étaient claires ! Vengeance du séducteur éconduit ? Elle s'en voulut aussitôt d'avoir cédé au désir. Et Mathilde qui le croyait chagrin !

« Il me semblait pourtant que tu m'avais vite oubliée aussi, rétorqua-t-elle en reprenant son sang-froid…

— Je n'oublie jamais une femme.

— Ta mémoire doit être bien remplie, alors ! »

Elle n'avait pas pu se contenir. Trop tard. Nicolas avait froncé les sourcils et s'était redressé sur son lit.

« Qu'est-ce que tu insinues ? grinça-t-il.

— Tu fais régulièrement la une des potins…

— Enfin, une femme qui ose !

— Que veux-tu dire ?

— Je te croyais plus fine que ça… Tu oublies que je suis le patron. Tout est bon pour casser du sucre sur le dos de son employeur !

— Tu ne vas pas me dire que tout est faux ?,

s'inquiéta-t-elle soudain.

— Je te laisse faire la part des choses ! Mais permets-moi quand même d'apporter une petite précision : crois-tu que j'aie vraiment le temps de courir les jupons ? Il me faudrait une sacrée santé ! »

Nicolas s'était radouci. Marjorie, soudain presque honteuse, avait fourré les mains dans les poches de son Jeans et scrutait le bout de ses chaussures.

Le beau Nicolas réfutait donc cette réputation de Don Juan. Essayait-il de lui dire quelque chose ? « Viens ici… »

La voix de Nicolas avait repris un peu de sa chaleur. De celle qu'elle avait sentie, quelques fois, au creux de ses bras. Sa voix un peu rauque l'envoûta à nouveau.

Elle le laissa l'attirer à lui, une fois encore. Plus doux, il la réconforta d'un autre baiser. Plus long, plus tendre. Marjorie répondit timidement.

« Nous deux, ce n'est pas fini… acheva-t-il à son oreille.

— Et Eric ?

— C'est sérieux ?

— On est sortis ensemble, un soir…

— Et alors ? »

Nicolas avait retrouvé le sourire, celui qu'elle avait déjà plusieurs fois provoqué chez lui, et qui l'avait rendue toute heureuse de le savoir conquis.

« Pourquoi n'as tu rien dit à Mathilde ?, se défendit-elle néanmoins.

— Jamais tant que je ne suis pas certain que ça durera.

— Et maintenant ?

— À toi de me le dire…

— Je ne sais pas. Il vaut peut-être mieux attendre que tu sortes de l'hôpital ?

— Exactement. On se revoit vite ?

— Tu m'appelles ?

— D'accord, promit-il, laissant cette fois un baiser léger sur les lèvres de la jeune femme. Et débrouille-toi pour qu'Eric cherche quelqu'un d'autre. »

Nicolas était encore au centre de toutes les conversations du personnel quand Marjorie reçut l'appel d'Albert. La standardiste avait transmis la communication, incapable de repousser l'indésirable.

« Allo ?

— Marjorie ? C'est Albert ! Comment vas-tu ? Je vais passer chez vous, à propos de Nicolas. J'aimerais t'interviewer ?

— Je ne vois pas le rapport ?, s'inquiéta-t-elle.

— T'occupe ! Je fais juste un petit papier, mais j'ai besoin de quelques précisions… »

Le journaliste était arrivé dix minutes plus tard, flanqué d'un photographe et d'une jeune stagiaire :

« Tiens, ma chérie, va donc visiter l'entreprise. Et sois gentille, n'oublie pas de prendre des notes !, ordonna le reporter à la demoiselle.

Le photographe avait commencé à mitrailler.

— Tu nous fais une couleur en extérieur en plus. Et que ça saute ! », avait poursuivi Albert.

Eric, vraisemblablement averti, arrivait à grandes enjambées dans le couloir. Il semblait en colère.

« Tiens, comme on se retrouve !, claironna Albert.

— Bonjour ! répondit froidement Eric en tendant la main au journaliste. Qu'est-ce que tu fais là ? Qui t'a prévenu ? Ce n'est pas ton secteur, il me semble ?

— C'est pareil. Tu sais chez nous, c'est à la bonne franquette. C'est celui qui y va qui y est, ironisa l'autre sans se démonter.

— Je vois ça !

— Ben oui, mon vieux. C'est un peu comme avec les filles… »

Eric était livide ! Marjorie se remémora le portrait qu'avait dressé Nicolas du presque trop connu journaliste. Elle tenta de calmer les deux hommes.

« Dites, messieurs, si on passait aux choses sérieuses ? Entrez dans mon bureau et asseyez-vous »

Eric alla se placer derrière elle, tandis qu'Albert prenait une chaise en face. Sortant un bloc de papier de son blouson de cuir démodé, mâchonnant et aspirant avec bruit le capuchon de son stylo, Albert marmonna, avec toute l'assurance que lui conférait la profession :

— Bon, alors ! Il paraît que votre patron a eu un accident et qu'un autre véhicule est mis en cause ?

— Quoi ? l'interrogea Eric.

— Il paraît qu'il y avait dans l'autre voiture son ex-petite amie et le patron de Chooz-Benz & C°, votre concurrent direct il me semble ? Poursuivit Albert insidieux, les gratifiant d'un regard inquisiteur.

— N'importe quoi !, s'énerva Eric.

— Vous avez lu les journaux ?, s'inquiéta Marjorie.

— Justement, c'est Reims qui a fait la Une. Ils n'ont pas cherché à comprendre, poursuivit Albert, sûr de son fait. Moi, je crois plutôt que le boss de Chooz-Benz & C° s'est fait baiser par la nana : il paraît que c'est une sacrée garce ! Rien d'étonnant à ce qu'elle ait poussé, par exemple –et je dis bien par exemple, son mec à faire le con. Du genre, *vas-y, rentre-lui dans le cul, c'est un salaud ! Avec ta berline, tu ne risques rien*, ou quelque chose comme ça…

— C'est à toi qu'on aurait dû rentrer dedans ! Tu vas trop loin. Sors d'ici, c'est bon comme ça !, s'emporta Eric.

— Calme-toi ! On n'est pas des bêtes ! Je me renseigne, c'est tout, objecta le journaliste.

Marjorie sentait la panique la gagner. C'était quoi ces histoires ? Et Eric qui ne se contenait plus. Et Nicolas qui n'était pas là avant la fin du mois ?

— Il y a un rapport de police, vous n'avez qu'à voir avec eux, risqua-t-elle.

— On a déjà le rapport de police. Il a servi pour le premier papier. Mais comme on a eu des échos…

— Des échos de quoi ? Nous, on n'en a pas d'échos. Nicolas s'est retourné, point ! Il roulait peut-être un peu vite, il avait légèrement bu, mais pas assez pour un scandale ! Même pas pour un PV ! Et quant à savoir ce que faisaient là les autres véhicules et non pas un, tu n'as qu'à demander directement aux propriétaires !

Eric s'était avancé vers le journaliste pour le faire sortir. Menaçant. Ce qui n'entama en rien le culot du reporter :

— On n'en saura guère plus, alors ?

— Il n'y a rien de plus à savoir. Bonne fin de journée. Salut ! », le congédia Eric, sur un ton qui n'aurait souffert aucune contradiction.

Marjorie, encore interdite, avait laissé le jeune homme reconduire le journaliste jusqu'au rez-de-chaussée. Figée sur sa chaise, elle commençait à saisir toutes les mises en garde de Nicolas. Heureusement qu'Eric était intervenu ! Il revint bientôt dans le bureau du technicien. Il semblait déjà plus calme :

« Ne te laisse pas embobiner par cette ordure, lâcha-t-il.

— C'est à ce point ? Nicolas m'avait dit de faire attention, mais…

— Si on te le dit ! En tout cas, je vois que Nicolas est toujours présent à ton esprit, constata-t-il un peu triste.

— Excuse-moi. Tu sais que je ne suis pas amoureuse de toi.

— Ce n'est pas grave. Ne t'inquiète surtout pas, j'ai l'habitude, ironisa-t-il.

— Arrête ! Il y a plein de jolies filles. Tu en trouveras bien une pour toi. Tiens, Karine, par exemple ?

— Elle n'est pas amoureuse de Nicolas, elle aussi ?

— Non, elle s'est un peu emballée, c'est tout. Mais je t'assure qu'il n'y a rien entre eux.

— Tu crois que j'ai ma chance ?

— Je suis sûre qu'elle serait beaucoup mieux avec toi. Tu sais, elle est un peu fleur bleue. Et tu sais être si gentil…

— J'ai compris : tu m'aimes bien, mais tu ne m'aimes pas ?

— C'est à peu près ça.

— Bon, je vais essayer de m'y faire. Et voir de ce pas si Karine embrasse aussi bien que toi », blagua le jeune homme en sortant.

Marjorie lui accorda un sourire complice avant de se remettre au travail. Elle ne reverrait pas Nicolas avant Noël. Il fallait qu'elle s'occupe. Mathilde avait prévu un réveillon chez elle et invité la jeune femme. Sans savoir ce qui liait les deux jeunes gens. Marjorie n'avait rien dit : Nicolas lui avait promis que leur liaison serait bientôt officielle. Dès qu'il serait rétabli, lui avait-il assuré.

La veille, les trois femmes avaient repris la route sitôt la visite terminée. Bizarrement, Valérie avait été beaucoup moins volubile qu'à l'aller. À se demander si elle n'était pas un peu déçue : Nicolas s'en sortait bien et serait vite sur pieds, loin de ses supputations morbides.

16

Mathilde accueillit Marjorie avec un large sourire.

« Allez, jeune femme ! C'est jour de fête, fais-moi plaisir, ce soir, on oublie tout et on s'amuse ! »

Marjorie lui tendit un bouquet de fleurs séchées avant d'aller déposer au pied du sapin garni les paquets enrubannés. L'arbre clignotait de toutes ses petites lampes assorties. Mathilde avait recouvert la grande table d'une nappe de crépon rouge. Elle avait sorti sa porcelaine et ses cuivres. L'ensemble était du plus bel effet, rehaussé par les scintillements du lustre à paillettes.

« Nicolas n'est pas encore là. Mais ne t'inquiète pas, je viens de le joindre sur son mobile. Il allait chercher Eric et Karine. Ils ne vont pas tarder…

— Je ne m'inquiétais pas, la rassura Marjorie tandis que la vieille dame retournait vers la cuisine, d'où nombre d'odeurs agréables émanaient.

— Installe-toi, j'arrive ! »

Marjorie alla s'accroupir devant la cheminée en trompe-l'œil dressée pour l'occasion. L'installation thermique fonctionnait à merveille derrière ce paravent rustique. La chaleur la gagnait tandis qu'elle songeait à sa soirée de la veille.

Nicolas l'avait rejointe à son bureau dans l'après-midi. Il avait pris soin de fermer la porte à clef avant de prendre la jeune femme dans ses bras, avec toute la retenue que requérait son corps encore traumatisé par l'accident.

Il avait fallu que Marjorie use de tout son sang-froid pour le repousser. C'était tellement tentant. Plus beau encore après quelques jours de repos forcé, Nicolas avait cherché sa bouche avidement. Lui accordant un baiser, elle avait réussi à le jeter dehors gentiment, retardant au soir leurs retrouvailles. Elle lui avait confié la clef de son nouvel appartement, lui laissant le loisir de le découvrir.

Nicolas avait investi le nouveau domicile de la jeune femme et c'est à l'heure du dîner qu'elle l'avait retrouvé, confortablement installé dans le vieux fauteuil récupéré chez les propriétaires la semaine précédente. Nicolas s'était fait livrer le poste de télévision d'un ami... et un couscous gargantuesque par le traiteur voisin. Ça tombait bien, Marjorie n'avait pas vraiment fait de provisions. Un peu de charcuterie, un pain de campagne, des snacks, une salade, des yaourts. Le réfrigérateur contenait tout juste de quoi grignoter quand elle était seule.

La jeune femme avait troqué avec soulagement ses bottines pour les petites mules chaudes qu'elle avait achetées.

Nicolas avait passé un gros pull-over noir à col roulé au-dessus d'un Jeans indigo. Le lainage ajusté mettait en valeur ses larges épaules et son ventre presque plat : il avait peut-être pris un petit kilo, se réjouissait-elle intérieurement comme une épouse attentionnée, imaginant sous la laine les muscles légèrement gainés par quelques jours de repos forcé.

« Tu peux aller prendre un bain. Le dîner est

prêt. Il n'y aura qu'à réchauffer, lui avait-il suggéré. »

Marjorie en avait profité, prolongeant au-delà du raisonnable sa station dans la baignoire. Nicolas était venu la presser un peu.

« Entre ! », l'avait-elle enjoint, à peine sortie de l'eau.

Il ne s'était pas fait prier. Bientôt debout derrière elle, il l'avait quelques instants admirée dans le miroir rectangulaire à hauteur d'homme avant de l'entourer de ses bras au-dessus du long peignoir d'éponge rose. Penchant un peu la tête en arrière, ses cheveux encore humides sur son épaule, elle avait agréablement accueilli la pression des mains de Nicolas sur sa poitrine tendue. La fraîcheur de la pièce au sortir de l'eau, la caresse de Nicolas avaient durci la pointe de ses seins sous le coton. Nicolas défit la ceinture lanière du vêtement pour atteindre les tétons excités avant de laisser ses mains glisser jusqu'aux hanches légèrement saillantes. Sa bouche dans le cou de la jeune femme, il avait poursuivi son exploration jusqu'à la chaleur humide de son bas ventre, laissant à Marjorie l'initiative de la suite. Qu'elle lui accorda aussitôt, cherchant les lèvres de Nicolas derrière elle.

Glissant ses mains dans le dos, elle atteignit son pantalon, fit sauter bouton et fermeture. Le vêtement tomba en accordéon sur les cuisses fermes de Nicolas. D'un demi-tour, elle échappa à l'emprise pour, relevant le pull-over, atteindre le torse rassurant.

« Doucement ! », lui souffla-t-il entre deux baisers.

Ses côtes étaient encore douloureuses. Marjorie baisa la chair encore tuméfiée par endroits. Ses lèvres effleurant la peau. Lentement, Nicolas céda aux lèvres offertes. Ils firent l'amour là, à la fois brûlants de désir et frigorifiés par l'air du dehors qui soufflait par la fenêtre restée ouverte.

Le traiteur avait bien fait les choses. L'appétit ouvert par leurs ébats, Marjorie et Nicolas ne parvinrent pourtant pas à terminer les assiettes, qu'ils abandonnèrent sur la petite table pour aller boire le Champagne dans la chambre. Nicolas avait déménagé la télévision d'emprunt, faisant fi de ses blessures tout juste pansées.

Le dos calé par un gros oreiller, Marjorie avait suivi seule la fin du film tandis que Nicolas s'accordait une douche.

Il était venu la rejoindre peu de temps après, glissant son corps imposant et légèrement parfumé sous les draps.

La desserte avait gardé la boisson au frais dans le seau de glaçons le temps de quelques caresses chastes et tendres dans la tiédeur des couvertures. La télévision parlait au mur, jusqu'au moment où Marjorie sursauta dans les bras de Nicolas : le présentateur du dernier flash d'informations venait de lui annoncer, de la manière la plus indifférente qui soit, que le quartier où habitaient ses parents, dans le XVIe, était déclaré zone sinistrée ! La Maison de la Radio était sur le qui-vive face à la Seine menaçante. L'eau s'était infiltrée dans les caves et, en l'espace des dernières vingt-quatre heures, avait fait de sérieux dégâts chez les particuliers. Le stade de France venait d'être interdit au public et toutes les manifestations avaient été annulées. « Une crue centennale ! » précisait le journaliste, commentant bientôt les documents témoignant de la précédente. Une catastrophe !

« Attends, lui conseilla Nicolas rassurant devant son air effaré.

— Il faut que j'appelle maman. Voir si tout va bien. Prête-moi ton portable ! »

Nicolas s'exécuta avec bienveillance, allant chercher l'appareil resté sur la table. Marjorie composa le numéro de sa mère, gardant un œil rivé sur le petit écran qui passait les dernières images en ressassant l'information. La voix, à l'autre bout du combiné, calma un peu la jeune femme.

« Papa ? C'est moi ! Je viens de voir les infos. Comment ça se passe chez nous ?

— Ne t'inquiète donc pas comme ça. Ce n'est que de l'eau. Ça monte un peu dans la cave, mais rien de grave je t'assure. Par contre, il y a de sacrés dégâts de l'autre côté de la rue. Si tu voyais ça !

— Et maman ?

— Elle va très bien. Je te dis de ne pas t'inquiéter. J'ai pris quelques jours pour Noël. Ça tombe bien. Elle ne sera pas toute seule. Et toi ? Où en es-tu ? As-tu trouvé où faire réveillon ? Tu sais que tu peux venir à la maison…

— Euh… Figure-toi que… hésita-t-elle.

— N'y aurait-il pas encore un homme là-dessous ? la taquina son père devant son ton hésitant.

— Tu as vu juste, concéda-t-elle, les joues roses de plaisir. Maman t'a parlé de Nicolas ?

— J'avais entendu dire que c'était fini…

— Euh… En fin de compte,…pas vraiment…

— Tu es sûre, cette fois ?

— J'espère. Mais j'avais l'intention de te le présenter, justement. Tiens, il est près de moi. Tu veux lui parler ?

— C'est celui-là ton patron ?, demanda le père de Marjorie sceptique.

— Oui. Je te le passe. Grosses bises. Embrasse maman…» s'empressa Marjorie en tendant le portable à Nicolas.

Les deux hommes conversèrent quelques minutes au sujet des inondations et de leurs métiers respectifs avant que Nicolas n'aborde le sujet de leurs futurs rapports :

« J'ai bien l'intention de vous demander la main de votre fille, déclara Nicolas laissant Marjorie stupéfaite.

— Nous nous fiançons demain », confirma-t-il d'un ton placide, alors que Marjorie n'écoutait plus vraiment, ahurie par la nouvelle.

Nicolas avait donc pris sa décision. Elle avait bien songé, depuis sa visite à l'hôpital, que leur relation était loin d'être légère. Mais, de là à se marier : elle n'avait pas osé même en rêver ! Nicolas venait à sa grande surprise de lui donner une formidable preuve d'amour. Ainsi, le célibataire endurci venait de ranger sa chevalière. Et pour elle ! Pour elle, Marjorie Maldent, technicien informatique chez Leverdois depuis quelques semaines seulement !

La jeune femme, rassurée par son père, traversa les minutes qui suivirent comme dans un rêve. Une fois le portable coupé, Nicolas l'avait défiée d'un regard aussi arrogant que malicieux. Elle avait approché ses lèvres soudain tremblantes de celle de son patron, qui avait resserré autour d'elle ses bras puissants.

Profitant de l'effet provoqué par sa déclaration, Nicolas, possessif, domina l'étreinte comme pour sceller la promesse qu'il venait de faire. Il entraîna la jeune femme dans le vertige de leurs sens exacerbés, la laissant bientôt pantelante au creux des draps. Nicolas admira encore quelques instants après l'amour ce corps qu'il voulait sien avant de s'endormir, le visage sur le sein gauche de Marjorie, le bras comme en rempart sur son ventre.

Cali Graff

17

Nicolas arriva, comme prévu, quelques instants plus tard accompagné de ses deux salariés. Eric tenait Karine par la taille. Il portait sur le visage toute la joie du bonheur retrouvé.

Karine, vraisemblablement séduite, avançait en roulant la jambe comme un mannequin en défilé pour Chanel, le sourire béat, ses yeux comme atteignant le Nirvana à chaque fois qu'elle les posait sur le jeune homme.

Marjorie avait vu juste : même si ça ne durait pas, ces deux là pouvaient escompter quelques bons moments ensemble.

Nicolas, qui paraissait soudain plus mûr encore à côté du jeune couple, s'approcha de Marjorie pour l'entraîner sans attendre vers la rampe d'escalier.
« Viens voir… », l'invita-t-il en l'emmenant à l'étage.

Portant le nécessaire de Karine et le costume d'Eric, il conduisit Marjorie jusqu'à la chambre d'amis qu'elle avait occupée à son arrivée.

« Maman a prévu le coup, précisa-t-il. Il n'est pas question de les laisser repartir en pleine nuit. Surtout qu'Eric ne tient pas l'alcool.

— C'est forcer au rapprochement !, s'offusqua-t-elle faussement, décochant à Nicolas un sourire plein de malice.

— Tu parles ! Eric sait y faire. Je suis sûr que leurs rapports se sont déjà fort améliorés, si tu vois ce que je veux dire…

— Elle ne rêve plus de toi, au moins ?

— Mais non ! Et puis, avec Eric, elle se sentira moins délaissée. Il est plus jeune. Un peu joli cœur, c'est quand même un peu plus son genre !

— Tu es dur !

— Non. C'est elle qui se fait vite des idées.

— Elle sait pour nous deux ?

— Oui ! Elle a dû maronner un peu quand Eric le lui a dit, mais c'était une raison de plus pour la consoler…

— Et ta mère ?

— Elle se doute de quelque chose. Mais comme elle ne se mêle pas trop de mes déboires sentimentaux, elle ne m'a pas posé de questions.

— Tu l'inquiètes pourtant. Tu sais qu'elle attend toujours que tu te maries ?

— Elle en rêve depuis mon premier flirt. Comme toutes les mères ! Il est temps que je lui en parle », accorda Nicolas en sortant de la pièce pour atteindre la porte suivante dans le couloir dallé.

L'autre chambre était beaucoup plus vaste, la décoration plus sobre, le mobilier plus rustique. « Du Nicolas tout craché » songea Marjorie en entrant dans la pièce, respirant au passage les effluves de l'after-shave de Nicolas qui flottaient dans la chambre.

« La chambre de madame ! », singea le maître des lieux avec cérémonie avant de repousser la porte derrière eux.

« Chut ! », lui intima-t-il aussitôt un doigt sur les lèvres en l'attirant à lui.

Marjorie se laissa aller à cette étreinte chargée de tendresse.

« Ce soir, tu dors ici. J'irai te chercher des vêtements demain si tu veux. De toute façon, d'ici quelques heures, nous serons fiancés » lui rappela-t-il à-propos.

Elle rougit de plaisir au souvenir de sa déclaration de la veille, se remémorant les moments qui avaient suivi.

Nicolas, le sourire goguenard devant son trouble approcha ses lèvres de celles de la jeune femme.

« Pas maintenant !, l'arrêta-t-elle. Ta mère peut arriver d'un moment à l'autre.

— Et quel crime suis-je donc en train de commettre ? s'amusa-t-il avant de lui voler un léger baiser.

— Ce n'est pas ce que je voulais dire, attends de l'avoir prévenue, qu'elle n'aille pas s'imaginer une nouvelle amourette… réussit à articuler Marjorie, pas vraiment certaine de vouloir stopper Nicolas.

— D'accord, mais je crois que de ce côté-là, il y a longtemps qu'elle est rassurée. Tu sais, une mère voit tout de suite si c'est du sérieux ou si son fils s'amuse…

— Raison de plus pour le lui confirmer ! Allez monsieur Leverdois ! Ce n'est pas le moment de flancher, il faut vous mettre à table ! », s'amusa-t-elle à son tour, esquivant tout juste une nouvelle tentative de Nicolas.

Elle le poussa vers la porte avec une détermination qu'elle savait nécessaire, au moins pour quelques heures encore.

Nicolas roulait vite. La 408 bleu nuit, tout juste

sortie du garage depuis l'accident, dévorait les kilomètres d'autoroute, ne laissant guère à Marjorie le loisir de regarder les paysages défiler. Depuis Reims, son compagnon gardait le pied enfoncé sur l'accélérateur, à en faire pâlir la jeune femme dès qu'un autre véhicule apparaissait pour doubler ou que Nicolas, justement, s'apprêtait à dépasser. Nullement traumatisé par son accident, son chauffeur restait calme et sûr de lui, bien calé sur son siège.

Ils seraient bientôt à destination. C'est tout ce à quoi pouvait songer Marjorie pour s'interdire de lui demander de ralentir. Et puis, sa mère lui avait manqué, elle avait hâte de la revoir. Les retrouvailles s'annonçaient joyeuses : sa mère avait accueilli la nouvelle des fiançailles avec bonheur. Et Nicolas, allait pouvoir leur parler du pays ! Mieux, les relations tissées par la fille promettaient aux parents de Marjorie quelques futurs voyages en cette campagne. Une région qu'ils avaient quittée, quand Marjorie n'était encore qu'un nourrisson, pour s'installer en métropole. Monsieur Maldent avait créé une petite entreprise de menuiserie à l'heure où l'Ile-de-France, en pleine expansion, avait justement besoin d'une sous-traitance de proximité, notamment dans la construction immobilière.

Dans une longue lettre, Marjorie s'était fait un devoir de rapporter à sa mère comment elle s'était soudain retrouvée fiancée à l'un des meilleurs partis de la ville, du département, de la région, peut-être. Nicolas avait depuis décrété qu'elle n'irait plus au bureau : interdiction formelle pour son épouse de « s'abaisser à ce genre de tâches et d'être mêlée à l'espèce de basse-cour qu'était parfois son entreprise ! »

Il n'était pas question que sa jeune épouse s'ennuie non plus :

« J'installerai du matériel à la maison. Tu t'occuperas des comptes. Ce sera tout de même plus intéressant… »

Mme Leverdois avait soutenu le projet de son fils : « Comme ça, je pourrai enfin me mettre à la retraite. Et puis, tu arriveras bien à gérer la comptabilité familiale. Tu n'es pas si bête ! Nicolas a hérité de son père, mais il lui fallait quelqu'un de confiance pour son portefeuille, je suis certaine que tu feras l'affaire… » l'avait-elle encouragé gentiment. Marjorie avait accepté ses responsabilités de future épouse de bon gré. Sous réserve que Mathilde l'aide le temps de se mettre vraiment au fait des choses. Les deux mères, chacune de leur côté, avaient par ailleurs nourri l'espoir de conversations fructueuses : Mathilde avait passé quelques années en région parisienne avant le décès de son mari et comptait bien prendre des nouvelles de la métropole, elle aussi.

Nicolas entra dans Paris aisément, à la surprise de Marjorie : rares étaient les visiteurs ruraux pouvant se vanter de maîtriser le «code de la route parisien » et sachant se retrouver dans le tohu-bohu de la capitale. Le fleuve avait repris ses marques depuis quelques jours. Il restait çà et là quelques traces de boue. Des arbres abîmés avaient été rasés par les services municipaux, qui ramassaient branches coupées et emportées par les eaux ou le vent. Un camion repartait, probablement vers la décharge, la benne chargée de ces restes du sinistre. Des petits propriétaires ratissaient péniblement des jardins encore gonflés d'eau.

Dans la rue Picasso, les petites maisons alignées ne laissaient rien paraître des dégâts causés par le débordement de la Seine. Le quartier des peintres avait été épargné, dans sa majeure partie. Sans doute grâce à la présence du constructeur : les habitations avaient été construites sur un terrain rehaussé. Quelques mètres cubes de terre qui s'avéraient salutaires aujourd'hui pour la plupart des propriétaires. Les bassins de contention, en périphérie, avaient aussi empêché nombre de catastrophes. Paris l'avait échappé belle, loin de la crue précédente.

18

Marjorie se rua dans les bras de sa mère. La séparation avait été éprouvante. Nicolas laissa sa future épouse le présenter. Anne-Sophie Maldent lui plut d'emblée : elle faisait à première vue partie de ces femmes, comme sa mère, le cœur gros comme ça et la tête bien sur ses épaules tassées par les ans et les menus travaux. Elle accueillit le jeune homme la main tendue, avec cette timidité que l'on sent à fleur de peau dans les milieux ouvriers un peu aristocratiques. L'humilité et la noblesse bien mariées.

Nicolas embrassa la peau à peine ridée de cette main offerte avant de laisser sur les joues rondes qui rosissaient quelques bises affectueuses.

L'arrivée de Charles, le père de Marjorie, acheva de détendre l'atmosphère. Trapu, le pas lourd et volontaire dominé par un visage transpirant d'une bienveillance encourageante, il serra fermement la main de son futur gendre avant d'inviter tout le monde à rentrer.

Nicolas se sentit tout de suite dans son élément. La brève discussion qu'il avait déjà eue avec Charles, le peu que lui avait raconté Marjorie sur ses parents lui avait permis de se faire une petite idée. Elle était bonne : le modèle même du couple oublié, exilé, qui avait refait loin de ses racines un petit royaume où la valeur du travail bien fait et la tradition familiale avaient gardé la meilleure place.

Charles comptait quatre ouvriers et faisait manger tout ce petit monde, parfois un ou deux intérimaires en plus, grâce aux contrats qu'il décrochait de grosses entreprises parisiennes. Anne-Sophie, en femme de petit patron, vaquait à toutes les tâches administratives et comptables, le service commercial se résumant le plus souvent à un apéritif ou à un dîner à la maison. Le sous-sol, place faite pour le break gris et la petite berline blanche, avait été aménagé pour. De temps en temps, une petite réception était organisée dans le jardin, derrière la maison.

L'eau n'avait effectivement fait que peu de dégâts et seul le sous-sol témoignait encore du dernier débordement de la Seine. Charles appréciait sa chance et se fit un plaisir d'emmener bientôt Nicolas faire le tour du propriétaire... et du quartier. Marjorie en profita pour raconter à sa mère, heureuse de la voir en si belle compagnie, comment elle et Nicolas envisageaient l'avenir. Tout au moins le leur.

« Est-ce que je peux me remettre à tricoter ?, insinua Anne-Sophie.

— On n'a pas encore eu le temps d'en parler...

— J'imagine ! Avec ton père, je n'y pensais pas beaucoup non plus, là... Au fait : Alex est venu prendre de tes nouvelles. Tu sais que tu lui as manqué ?

— Non ? Qu'est-ce qu'il devient ?, s'amusa Marjorie.

— T'occupe ! Je préfère déjà Nicolas... Mais tu avais raison : à part sa carrière et s'afficher avec unetelle ou unetelle, c'est vraiment tout ce qui l'intéresse ! Tu as de la chance, tu sais ? Des hommes comme Nicolas, on n'en trouve plus beaucoup de nos jours.

— Ne sois pas jalouse, tu as papa, blagua-t-elle. Alors, Alex a retrouvé une petite amie ? Tant mieux ! Parce que, moi aussi, je préfère Nicolas... confessa Marjorie avec un sourire entendu.

— Allez, ma chérie, allons voir si nos hommes ont fini leur promenade, l'invita sa mère. Ton père doit aller au centre commercial, si tu as besoin de quelque chose... Pour ce soir, vous n'aurez qu'à vous installer dans ta chambre, Charles a déménagé quelques meubles hier pour vous faire de la place.

— Entendu. Sinon, je pense qu'on a emmené suffisamment de vêtements, à moins que le temps change. Tu sais, on ne restera que deux ou trois jours, on a fixé la date du mariage au premier samedi de juillet, on se reverra d'ici là. »

Nicolas choisit d'accompagner Charles pour les courses.

« Je ne vais pas laisser tes parents tout payer ! », s'était-il défendu devant la jeune femme visiblement déçue de devoir encore l'attendre.

« On se rattrapera ce soir... », l'avait-il aussitôt consolée à l'oreille, la gratifiant d'un léger baiser sur le nez.

Les deux hommes hors de vue, les femmes s'étaient affairées à dresser la grande table de la salle à manger. Anne-sophie, toujours aussi volontaire, avait sorti du buffet bas la vaisselle des grands jours. Marjorie s'était fait un plaisir de plier les serviettes de couleur et de dresser les chandeliers. Il faisait encore frais. Le barbecue de table ferait l'affaire. D'autant que Charles, qui avait été très sollicité durant les inondations pour livrer les palettes en bois et raboter les portes gonflées par les infiltrations, accusait la fatigue.

« Encore un an ou deux et il tâchera de passer le relais à un de ses ouvriers » avait confié Anne-Sophie à Marjorie. La jeune femme avait accueilli la nouvelle avec joie : depuis des années que son père et sa mère travaillaient tous les deux, il était temps qu'ils prennent un peu de temps pour eux. Marjorie ne se souvenait guère les avoir vus partir en vacances plus d'une semaine. Elle le savait, sa mère rêvait de faire une longue croisière et de visiter quelques pays. Charles, plus casanier, aspirait à une retraite bien méritée, entre journées de pêche sur les bords de Seine et sculpture sur bois au fond de son garage. Il avait déjà réalisé quelques pièces, lesquelles avaient pour la plupart rejoint les étagères des voisins ou le bureau d'un des entrepreneurs pour lesquels il travaillait.

Charles et Nicolas rentrèrent plus tard que prévu : le père de la jeune femme avait emmené son futur gendre voir quelques-unes des maisons de maître desquelles il avait fourni la charpente. Le Tout-Paris lui avait ainsi offert ses heures de gloire, quelques années auparavant. Charles avait aussi travaillé sur de gros contrats pour la plus grande des sociétés locatives de Paris : des mois de labeur pour lui et ses ouvriers. Des tâches moins honorables, bien sûr, mais qui avaient assuré la pérennité et le crédit de sa modeste entreprise.

En jeune patron, Nicolas avait admiré le résultat. Il en avait profité pour inviter son futur beau-père à venir voir sa propre entreprise. Il avait été convenu que le couple exilé séjournerait chez sa mère dès le prochain répit dans les affaires de Charles. Le menuisier fixa la pause au printemps, avant les «travaux d'été» régulièrement demandés par les particuliers.

Cali Graff

19

Ces quelques jours de dépaysement en métropole avaient été agréables à Nicolas et Marjorie, qui redoutaient autant l'un que l'autre de se remettre au travail : Nicolas savait qu'il devrait encore supporter quelques temps les mauvaises rumeurs et les jalousies. Marjorie serait plus épargnée, même si elle appréhendait de plus en plus le moment où elle devrait se comporter en véritable future épouse : elle ne se mariait pas avec le premier venu !

Nicolas avait essayé de la rassurer : « Ma mère t'aidera tout le temps qu'il faut. Tu vas voir, tu t'en sortiras mieux que tu ne le penses... Et puis, arrête d'être si anxieuse. N'oublie pas qu'avant tout tu es ma future femme. Je n'aimerais pas que tu perdes toute ton énergie à mes affaires ! »
Marjorie avait souri à ce clin d'œil de l'amant qu'il était devenu : exigeant, mais sûr dans cette espèce de maturité qui exsude chez certains hommes, il savait ce qu'il voulait. Elle aussi. Et elle appréciait ce corps juste musclé, ces mains fermes, ces hanches énergiques et ces épaules réconfortantes, ses longues jambes marbrées de poils noirs et ses fesses légèrement arrondies.

La jeunesse de Marjorie plaisait à Nicolas. Innocente dans sa vérité, la jeune femme lui apportait la fraîcheur et la franchise d'une amante dynamique, loin des souvenirs qui refluaient parfois : de ces quelques aventures qu'il avait eues, avec des femmes plus âgées. Plus mûres, certainement, mais plus manipulatrices aussi.

Mathilde retrouva les futurs mariés avec plaisir : elle s'était un peu ennuyée, malgré les appels réguliers de Nicolas. Au rapport que lui firent les deux jeunes gens de leur escapade à Paris, elle n'eut plus qu'une hâte, préparer la maison pour la visite de Charles et Anne-Sophie.

C'était sans compter sur les nouveaux ennemis que Nicolas venait de se faire en décidant de prendre pour épouse une jeune femme encore inconnue dans la région quelques mois auparavant. La visite d'Albert quelques jours après chez Mathilde en fut la première alerte. Le journaliste était passé un matin, en pleine semaine. Nicolas était parti travailler et devait déjeuner hors de la ville. Il ne rentrerait que tard le soir, voire le lendemain.

Mathilde avait ouvert sans à priori, très peu mise au fait du danger. Le journaliste avait prétexté un appel du jeune maître de maison, qui «souhaitait qu'on publie un carnet blanc particulier ». Marjorie avait été la première surprise, descendant dans la salle à manger sur le coup des dix heures. Elle s'était rendormie après le départ de Nicolas et n'avait pas entendu le journaliste sonner.

Elle le reconnut néanmoins tout de suite et esquissa un mouvement de recul en l'apercevant, tranquillement assis en bout de table. La place préférée du maître de maison. À sa gauche, Mathilde fouillait un dossier que Marjorie reconnut bientôt comme une des grosses chemises qui jonchaient le bureau qu'elle avait récemment découvert, au fond du couloir du rez-de-chaussée. « Je vois que vous vous connaissez déjà », constata

Mathilde quand la jeune femme, poliment, tendit la main à Albert, lequel s'était levé bruyamment pour l'accueillir.

— Nous nous sommes déjà rencontrés plusieurs fois, confirma Marjorie, dont le visage avenant s'était soudain terni d'une petite moue boudeuse.

— Tant mieux, parce que tu sauras peut-être répondre mieux que moi à ce monsieur. Nicolas lui a demandé de rédiger un article... rapporta la vieille dame.

— T'inquiète ! C'est juste un petit papier...

— Pourquoi pas ? Qu'est-ce que tu veux savoir ? Et combien ça coûte ? Est-ce que mon futur mari t'a donné des consignes ?

— J'ai carte blanche, tu parles ! C'est pas tous les jours qu'un patron se marie avec la dernière des inconnues...s'esclaffa le reporter. Et en plus, c'est gratuit ! Bien rédigé, ça passe pour un bon papier mondain !, se rengorgea-t-il. Allez, dis-moi tout... »

Mathilde se proposa d'aller faire du café. Au journaliste qui avait presque poliment refusé, prétextant en avoir déjà trop bu, elle offrit une bière qu'il s'empressa de goûter. Elle s'éclipsa tout aussitôt, laissant la jeune femme traiter l'affaire.

Ce que Marjorie fit le plus rapidement possible, éludant au mieux certaines questions dérangeantes et limitant ses déclarations au sujet qui les intéressait. De toute façon, Nicolas et elle ne se connaissaient pas depuis suffisamment de temps pour qu'elle puisse rapporter le peu qu'elle sût de son passé. Elle jugea opportun de ne pas trop dévoiler le sien non plus : Nicolas, comme Eric, avaient été assez explicites quant à la conduite et la réserve à tenir en face du journaliste !

Son futur mari avait d'ailleurs vivement réagi, le soir en rentrant : soudain angoissé, il avait questionné les deux femmes. Presque rassuré par leur discrétion, il avait néanmoins conseillé à Marjorie de surveiller la boîte à lettres, pour lire le journal aux premières heures du jour jusqu'à parution de l'article.

Son inquiétude se révéla malheureusement fondée, deux jours plus tard : « Le célibataire endurci épouse Cendrillon » titrait le quotidien.

« Le prince du chauffage se décide enfin à contracter mariage. Mais, et tant pis pour sa cour, ce ne sera pas un mariage de raison !... Contre toute attente, la jolie Nathalie Benz, de Chooz-Benz & Co ne sera pas l'heureuse élue. Le mariage du siècle n'aura pas lieu ! ... La future épouse, issue du milieu ouvrier, vient mettre fin au rêve des plus jolis partis féminins du département... »

Nicolas avait fait irruption dans la chambre. Déjà habillé pour se rendre à ses affaires, il avait extirpé Marjorie de son sommeil avant de lui tendre «le torchon ». Pendant qu'elle y jetait un œil, elle avait senti son futur époux plus qu'offensé, furibond. Nicolas tournait dans la chambre comme un lion en cage, ses semelles claquant sur le parquet.

« Cette ordure va avoir de mes nouvelles ! », confirma-t-il bientôt à la jeune femme, qui ne sut que lui répondre.

L'article était publié. Que pouvaient-ils faire à

part l'ignorer ou faire publier quelques lignes plus conformes à la réalité, loin de l'air potin-mondain qu'Albert s'était appliqué à donner à l'événement.

Nicolas n'était vraisemblablement pas si serein :

« Je vais lui faire bouffer ! Et mon poing avec ! », avait-il pesté tandis que Marjorie essayait de le calmer, l'attirant dans ses bras de femme soudain angoissée. Réclamant un baiser, elle tenta de relativiser l'impact, l'assurant qu'elle n'y attacherait aucune importance. L'article était blessant pour eux deux, mais atteignait d'autres gens: Si Nicolas accepta la caresse, la jeune femme comprit qu'il ne décolérerait pas de sitôt. Comme distrait, ses lèvres, ses mains et son corps cherchaient la fuite vers d'autres impératifs. Elle n'insista pas, laissant son futur époux –à peine calmé- prendre une veste et rejoindre son équipe de travail. Il en profiterait en matinée pour aller faire un tour à la rédaction du journal et régler l'affaire...

« Cette fois, il ne s'en sortira pas comme ça... », avait-il assuré à Marjorie, qui n'osa pas le contredire. Elle laissa son amant partir, songeant à la journée qui l'attendait. Mathilde et elle avaient décidé d'aller vider le petit appartement de la jeune femme, qui ne serait plus d'aucune utilité : les deux femmes s'entendaient bien et avaient d'un commun accord décidé de rester sous le même toit. Une cohabitation que Mme Leverdois envisageait comme un aboutissement : elle pourrait enfin se consacrer un peu plus à son jardinet et à ses voisines, tandis que Marjorie prendrait ses responsabilités de nouvelle maîtresse de maison et d'épouse.

Cali Graff

20

Mathilde et Marjorie avaient attendu Nicolas toute la journée. Silencieusement. Religieusement. Ni l'une ni l'autre n'avaient abordé le sujet qui leur brûlait les lèvres. Mathilde par habitude : ce n'était pas la première fois que son fils avait des comptes à régler. Du chef d'entreprise ou du célibataire, elle avait souvent eu écho de frictions quand elle n'avait à plusieurs reprises accueilli comme un bébé l'homme malheureux, l'enfant dépité et abasourdi qu'il redevenait parfois, après un échec. Comme après la mort de son père. Nicolas, sous la carapace de sa grande taille et de sa belle arrogance, restait cet homme sensible et revanchard que la vie lui avait donné.

Marjorie manifesta quant à elle quelques signes d'inquiétude. Se mordillant la lèvre inférieure, le geste nerveux, elle s'exécuta comme un automate sur les consignes de sa belle-mère. Le déménagement des meubles occupa toute la matinée et le début de l'après-midi. Les deux femmes se contentèrent pour déjeuner de croquer dans les sandwiches préparés le matin, expédiant le repas et le café bu sur le pouce, comme pressées de retourner à la tâche.

L'appartement vidé, Mathilde était rentrée tandis que Marjorie entreprenait le nettoyage. Ni elle ni Nicolas n'avaient vraiment eu le loisir de salir, mais elle s'obligea à récurer sols et peintures avant de glisser dans la boîte à lettres du propriétaire les clefs du meublé : avec l'article paru le matin dans le journal, elle avait autant que sa belle-mère fui téléphone et rencontres. Elle se décida néanmoins à aller marcher un peu, retardant son retour et renonçant à rejoindre Mathilde qui devait, elle aussi, n'avoir qu'un souci : le retour du maître de maison.

Inquiète, soudain mélancolique, elle prit le chemin de la gare. Elle éprouvait tout d'un coup l'irrésistible besoin de retourner à cette table, prendre un café, histoire de se remettre en mémoire ses retrouvailles avec Nicolas, quelques mois plus tôt.

Tant de choses avaient changé depuis ce fameux jour où elle avait décidé de refaire sa vie dans cette région perdue, loin de Paris, loin d'Alex, loin de la petite maison de ses parents....

L'endroit était presque désert. Marjorie s'installa dans un coin de table, à distance de l'entrée. De là, songeait-elle, elle pourrait tranquillement regarder entrer et sortir les hommes qui ne tarderaient pas: c'était quasiment l'heure de fermeture des bureaux et les ouvriers n'avaient guère plus d'une heure avant l'ouverture des grilles. Ce n'était pas la première fois qu'elle s'amusait ainsi à tuer le temps. Elle se plaisait à coller aux visages entrevus une petite histoire. Celui-là devait être encore célibataire, insouciant de l'heure et le pas tranquille, il entrait dans la cafétéria tout joyeux. Un autre lui parut être le plus malheureux des hommes, comme portant tous les soucis du monde sur les épaules courbées et bleu-cambouis de sa tenue de travail. Les ongles encrassés et cassés donnèrent plus de crédit à l'hypothèse de Marjorie quand l'homme s'installa à la table d'en face, devant un Pastis sans glaçon.

Le serveur, zigzaguant entre les tables, vint bientôt interrompre la jeune femme dans sa rêverie. Elle commanda un soda. Et le journal du soir, que l'employé venait de ramener du dépôt de presse installé tout près.

Feuilletant le titre belge, elle sursauta bientôt. Des noms mentionnés en haut de page de faits divers lui disaient quelque chose. « Trois ardennais se tuent sur la route : Albert Leroy, Henri Mangin et Valérie Lemercier, citoyens français, ont trouvé la mort, ce matin, sur la route de Liège... »

La jeune femme eut un mouvement de recul. Elle prit appui sur son dossier de chaise, le temps de digérer les mots lus : la colère de Nicolas et sa solidarité pour son futur mari lui jouaient peut-être des tours. Lentement, elle reprit sa lecture :

« Le véhicule, à bord duquel se trouvait également Martine Van Der Gutten, citoyenne belge de Namur, a pour une raison non encore déterminée quitté la route. Le véhicule et ses passagers, ont été repérés en matinée par un promeneur champêtre, à plusieurs dizaines de mètres de la route. Malgré l'intervention rapide des secours, le conducteur Henri Mangin, journaliste de profession et son collègue Albert Leroy, tous deux travaillant pour notre confrère « Régions françaises » n'ont pu être ramenés à la vie. Valérie Lemercier, autre voisine française de Charlestown, employée par la très honorable firme Leverdois est décédée durant son transport en ambulance. Les

services de police de Belgique de Suisse et de France ont ouvert une enquête commune. Seul témoin de cet accident, notre concitoyenne Martine Van Der Gutten, n'est pas actuellement en santé de répondre aux inspecteurs. Nous reviendrons plus largement sur ce drame dans une prochaine édition. »

L'article en disait assez. Marjorie eut soudain très peur : Nicolas était parti fort en colère. Etait-il, comme il l'entendait le matin, allé dans les locaux de la rédaction de Régions Françaises. Elle pria soudain pour que ce ne fût pas le cas. Et Valérie ? Qu'est-ce que c'était que cette histoire ? Qu'est-ce que son ancienne collègue faisait sur la route en compagnie des deux journalistes ? En pleine nuit ? En Belgique ?

La jeune femme s'acquitta de son soda, qu'elle vida d'un trait avant de se décider à sortir du café. Avec un peu de chance, elle trouverait encore du monde chez Leverdois. Elle n'était pas loin. Elle se rua chez le buraliste voisin pour acheter un exemplaire du quotidien belge et se dirigea d'un pas rapide vers l'entreprise.

À quelques mètres des grilles, elle se douta que la nouvelle était déjà passée : des véhicules de police étaient garés à même le trottoir. Des voitures de presse également. Avançant lentement vers l'entrée, elle repéra, dans la cour, quelques attroupements. Ce n'étaient pas des employés. Cameramen et reporters étaient agglutinés autour de Nicolas et d'Eric, qui semblaient bien en peine de les contenir.

Son futur mari traversa le rempart de journalistes quand il aperçut la jeune femme, tandis qu'Eric entraînait le groupe vers l'intérieur des bureaux.

À grandes enjambées, Nicolas rejoignit Marjorie. « Viens », lâcha-t-il en l'entraînant vivement vers la sortie, non sans avoir tendrement laissé une bise sur son nez.

La 408 bleu-nuit était garée à quelques mètres. Nicolas poussa la jeune femme sur le siège passager avant de prendre le volant et de démarrer promptement : « on sera plus tranquilles ailleurs » confessa-t-il en se tournant vers elle. Marjorie n'osait plus poser de questions.

Elle se laissa conduire jusque hors de la ville, loin du bruit et de l'animation citadine, au bord d'un chemin du Mont-Dieu où Nicolas coupa enfin le moteur, sans un mot. Devant eux, des champs s'étalaient à perte de vue. Ils avaient dépassé quelques rares et grandes maisons de pierre et un joli petit restaurant, à flanc de colline. À gauche, le fleuve calme et sinueux portait cygnes blancs et colverts.

Marjorie déplia le journal qu'elle avait emmené. Nicolas lui retira prestement des mains pour le glisser aussitôt dans la boîte à gants. Il saisit les mains de Marjorie entre les siennes, avant d'attirer à lui la jeune femme. Appuyant une paume sur la nuque fragile, de l'autre glissée dans son dos il la pressa contre lui, la tête par-dessus la sienne, le regard tourné vers l'extérieur de l'habitacle, comme absorbé soudain.

Marjorie ne savait que dire ni que faire. Elle se

laissa aller contre la poitrine rassurante, n'osant rompre le silence que lui imposait son fiancé.

21

Les jours qui avaient suivi le drame avaient été éprouvants pour toute la maisonnée. Nicolas avait été convoqué à plusieurs reprises, par la presse et par les services de police français et belge. Les élus locaux s'étaient également mêlés de l'affaire, histoire d'éviter tout incident diplomatique. Nicolas avait dû en oublier l'article offensant que le journaliste décédé lui avait rédigé la veille de sa mort. Selon les détails publiés de l'enquête, il avait été établi que le trio français, sur la route cette nuit-là, sortant d'une boîte de nuit belge aux premières heures du jour, avait été victime de la négligence et de la vitesse du conducteur. La ressortissante belge, vraisemblablement montée à bord du véhicule en auto-stoppeuse, l'avait quant à elle échappé belle et s'en sortirait indemne après quelques mois de convalescence et quelques séances de réadaptation fonctionnelle. Deuil avait été fait jusque dans l'entreprise de la pauvre Valérie, dont la mauvaise langue était finalement regrettée.

Régions Françaises avait eu tôt fait de remplacer le personnel disparu : on avait vu arriver en ville deux nouveaux journalistes, qui s'acquittèrent allègrement de la dure tâche de faire oublier jusqu'au souvenir de leurs prédécesseurs malchanceux.

À l'invitation de Nicolas soucieux de ne pas laisser sa future épouse se morfondre après le drame, Charles et Anne-Sophie étaient venus séjourner quelques jours dans la grande maison des

Leverdois. Mathilde s'en était fait un bonheur immense, entraînant tout son monde sur les chemins et dans les rues de la ville, resplendissante sous ses habits de printemps.

La noce avait été ramenée au mois de mai. Profitant des ponts imposés par le calendrier et de l'ambiance festive du mois des communions, Leverdois-fils recevrait ses invités dans une salle prêtée par la commune. Après la cérémonie religieuse, prévue à la Basilique Notre-Dame de la Foi, le jeune couple serait reçu dans les salons de l'hôtel de ville tout proche. Le vin d'honneur et le banquet seraient servis en premier sous-sol.

Une réunion plus intime et plus familiale aurait lieu en juin, chez les nouveaux mariés.

Mathilde et Marjorie auraient donc fort à faire pour que les préparatifs soient terminés en temps et en heure. La promise d'autant plus, portant depuis quelques semaines tout le poids du nom qu'elle prendrait bientôt et éprouvant soudain ces petits maux qui en faisaient une future épouse un peu plus capricieuse que de nature.

Nicolas, heureux, s'en était gentiment moqué, quelques jours plus tôt, caressant tendrement après l'étreinte ce joli ventre plat qui menaçait de perdre son galbe.

L'AUTEUR

Cali Graff Jr est l'auteur de nombreux textes pour adultes et pour la jeunesse.

Il signe notamment (sur Amazon, en version Kindle) :

- L'homme dont je rêve…, roman sentimental.
- Sans amour, roman contemporain
- Nous on pense, nouvelles pour la jeunesse.